우리가 던지는 질문은 정말 중요하다. 하지만 질문은 질문 자체로 끝나지 않고 진리의 탐구로 이어져야 한다. J. D. 그리어는 이 책에서 그렇게 하고 있다. 그는 기독교 신앙의 핵심 이슈들에 관한 질문을 던지고 분명한 답을 제시한다. 이 책은 기독교 신앙을 고려하는 이들과 그들에게 신앙을 전하고 싶어 하는 이들을 도와줄 유용한 자료다.

에드 스테저
휘튼칼리지(Wheaton College) **빌리그레이엄센터 대표**

책을 읽는 내내 흥분되고 가슴이 마구 뛰었다. J. D. 그리어의 글은 단순하면서도 통찰력이 넘친다. 자신이 깊이 이해하고 있는 내용을 또한 명쾌하게 가르친다. 이 책은 인간의 참담한 상황을 보여 준다. 다들 남 이야기 같지 않다고 느낄 것이다. 하지만 거기서 멈추지 않고 예수 그리스도 안에서 하나님의 놀라운 해법까지 제시한다. 솔직한 구도자에게도, 성숙한 순례자에게도 자신 있게 추천한다.

리코 타이스
런던 올소울즈랭엄플레이스(All Souls Langham Place) **담임목사**

이 혼란스럽고 실망스러운 세상에서 도대체 무엇을 믿어야 할지 몰라 답답한가? 그런 당신을 위한 생명 줄이 여기 있다. 이 책에서 J. D. 그리어는 2천 년 넘게 기독교 위에 수북이 쌓인 더께들을 다시 하나씩 벗겨 내어 1세기의 원형을 보여 준다. 이 본래의 기독교는 당신은 물론이고 오늘날 전 세계 수십억 명의 사람들에게 삶을 변화시킬 소망을 준다.

레베카 맥클러플린
《**기독교가 직면한 12가지 질문**》 **저자**

J. D. 그리어는 현대 회의론자들의 마음속을 적나라하게 꿰뚫어 보는 특별한 은사를 지녔다. 그는 연민과 솔직함과 뛰어난 유머로, 기독교에 관한 모든 핵심 질문과 반론에 답한다. 아무리 지독한 무신론자라도 비행기에서 그의 옆자리에 앉는 것을 마다하지 않으리라. 그리고 거기서 시작된 대화는 상대를 완전히 바꿔 놓을 것이다.

몰리 워든
노스캐롤라이나대학교(University of North Carolina)
역사학 부교수

모든 세대는 시의적절하면서도 시대를 초월한 방식으로 기독교 신앙의 교리를 풀어 내는 목소리를 필요로 한다. 이 책에서 J. D. 그리어는 사도 바울이 처음 사용한 단순하면서도 직접적인 언어와 논리로 복음을 전한다. 자신의 신앙 여정을 탐구하는 이들을 위한 매력적이고 유용한 지침서다.

댄 캐시
칙필레(Chick-fil-A) **회장**

내가 이 책의 원고를 쓰는 중에 주님 곁으로 떠나신 어머니 캐롤에게 이 책을 바친다. 어머니 덕분에 나는 '어려서부터 성경을 알았고, 그 성경은 능히 나로 하여금 그리스도 예수 안에 있는 믿음으로 말미암아 구원에 이르는 지혜가 있게' 해 주었다(딤후 3:15).

또한 청소년 시절 나를 그리스도께로 끈덕지게 다시 불러 준 스티브 로버슨 목사님, (마르틴 루터가 말했듯) "그리스도인의 삶에서 전진이란 언제나 다시 처음으로 돌아가 시작하는 것을 의미한다"는 사실과 복음을 처음부터 다시 사랑하는 법을 가르쳐 준 팀 켈러 목사님에게 이 책을 바친다.

Essential Christianity

ⓒ by J. D. Greear, 2023

Originally Published in English by The Good Book Company, Epsom, Surrey, UK
All rights reserved. www.thegoodbook.co.uk

Korean translation edition ⓒ 2023 by Duranno Ministry, Seoul, Republic of Korea
This Korean edition published by arrangement
with The Good Book Company through Wen-Sheuan Sung.

복음 특강

지은이 | J. D. 그리어
옮긴이 | 정성묵
초판 발행 | 2023. 2. 15
3쇄 발행 | 2024. 9. 24
등록번호 | 제1988-000080호
등록된 곳 | 서울특별시 용산구 서빙고로65길 38
발행처 | 사단법인 두란노서원
영업부 | 02)2078-3333 FAX | 080-749-3705
출판부 | 02)2078-3330

책값은 뒤표지에 있습니다.
ISBN 978-89-531-4395-1 03230

독자의 의견을 기다립니다.
tpress@duranno.com www.duranno.com

두란노서원은 바울 사도가 3차 전도 여행 때 에베소에서 성령 받은 제자들을 따로 세워 하나님의 말씀으로 양육
하던 장소입니다. 사도행전 19장 8-20절의 정신에 따라 첫째 목회자를 돕는 사역과 평신도를 훈련시키는 사역,
둘째 세계선교TIM와 문서선교단행본·잡지 사역, 셋째 예수문화 및 경배와 찬양 사역, 그리고 가정·상담 사역 등을 감
당하고 있습니다. 1980년 12월 22일에 창립된 두란노서원은 주님 오실 때까지 이 사역들을 계속할 것입니다.

열 가지 질문으로 ─────── 기독교 핵심 총정리

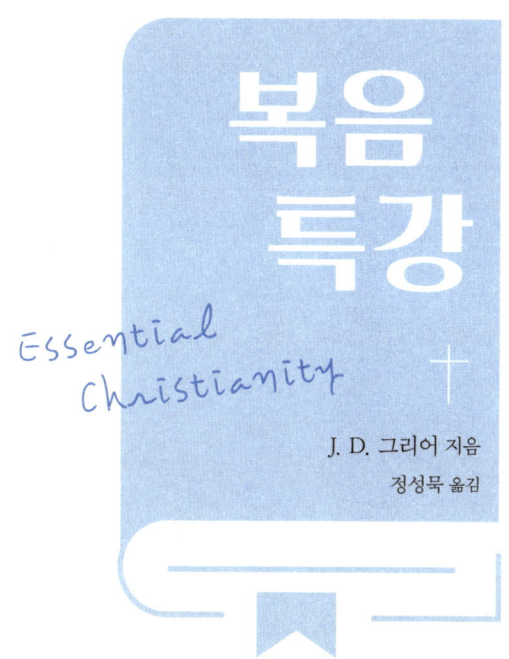

복음 특강

Essential
Christianity

J. D. 그리어 지음

정성묵 옮김

두란노

contents

1

한마디로, 기독교란 무엇인가?

선포
Announcement

내가 복음을 부끄러워하지 아니하노니
이 복음은 모든 믿는 자에게 구원을 주시는
하나님의 능력이 됨이라.
로마서 1장 16절

카리사 슈마허에게 한 시간에 1,111달러를 지불하면 예수와 교신하게 도와준다고 한다. 요금을 내면 슈마허의 로스앤젤레스 스튜디오에 입장할 수 있다. 그곳에 가면 각계각층에서 온 열정적인 구도자들이 모여 있고 성가대 비슷한 합창단이 분위기를 뜨겁게 달군다. 제니퍼 애니스톤과 우마 서먼 같은 슈퍼스타들도 간간히 눈에 들어온다. 둘 다 슈마허의 단골 고객이다.

노래가 끝나면 갑자기 쥐 죽은 듯 조용해진다. 고조된 기대감이 장내를 가득 채운다. 이윽고 슈마허가 화려하게 등장해서 청중 앞에 자리를 잡는다. 조용히 앉은 그녀는 보통 사람이라면 약간 불편하게 느끼기 시작할 만큼 꽤 오랫동안 청중을 응시한다.

오랜 침묵 끝에 마침내 예수가 슈마허를 통해 말하기 시작한다(슈마허가 주장하는 바다). 슈마허의 예수는 "예슈아"라고 불리는 걸 좋아한다. 뭐, 너무 이상한 일은 아니다. 실제로 2천 년 전 팔레스타인에서 그분의 어머니는 그분을 그렇게 불렀을 테니까 말이다. 흥미로운 사실은 이 예수가 영국 억양의 영어를 사용한다는 것이다(이 예수는 미국에서 영국 표준 영어를 사용하면 훨씬 더 똑똑하게 보인다는 사실을 알고 있는 것이 분명하다). 물론 좀 이상하다 생각하는 추종자도 있다. 그럼에도 불구하고 그들은 계속해서 찾아온다. 한 사람은 이렇게 설명했다. "예슈아와의 영적 교신은 특이하긴 하다. 정신 나간 짓이라고 생각하는 이들도 있을 것이다. …… 하지만 그녀의 모든 말이 나한테는 잘 맞는다."[1]

'잘 맞는다.' 이것이야말로 이 시대에서 영적 경험을 판단할 때 가장 중요한 기준이 아닌가 싶다. 그리고 지금도 수많은 사람들이 진정한 영적 경험을 찾아 헤맨다.

떨쳐 낼 수 없는 영적 갈망

이 이야기에서 특이한 점은 사람들이 슈마허의 예슈아를 만나기 위해 한 시간에 1,111달러나 지불한다는 사실만이 아니다. 실리콘 밸리, 할리우드, 스탠퍼드대학교(Stanford University), UC버클리(UC Berkeley)의 본거지인 이 극도로 세속화된 캘리포니아에서도 사람들이 여전히 신과 교신하기를 바란다는 것이다.

사실, 무신론자들이 하나님에 대한 믿음이 더는 필요하지 않은 멋진 신세계의 도래를 예언해 온 지 100년이 넘었다. 무신론자들은 종교의 쇠퇴가 과학 발전의 필연적인 결과이며, 곧 종교는 해시계나 가솔린 엔진과 함께 역사박물관에 안치될 것이라고 주장한다. 비틀즈의 존 레논은 1966년 대중의 의견을 대표해 이렇게 말했다. "기독교는 사라질 것이다. 자취를 감추고 움츠러들 것이다. 이것은 논쟁할 거리도 못 된다. 내 말이 옳다. 내 말이 옳다는 것이 증명될 것이다."

하지만 존 레논과 릭키 제바이스, 크리스토퍼 히친스, 샘 해리스, 리처드 도킨스 같은 신(新)무신론자들의 부단한 노력에도 불구하고 밀레니얼 세대와 Z세대는 천국이 없다고는 도무지 상상할 수 없었다. 최근 〈워싱턴 포스트〉(Washington Post)에 실린 글에 따르면, 과학 지식이 커질수록 종교적 열정도 따라 커졌다.[2] 이러한 양상은 항상 교회 등록이라는 전통적 형태로만 나타나는 것은 아니지만 분명히 나타나고 있다. 종교의 미래는 밝아 보인다. 인구통계학자들은 현재의 흐름을 근거로 21세기는 19세기나 20세기보다 더 종교적일 것이라고 예측한다.

이 글에서 조지메이슨대학교(George Mason University)의 공공정책 교수인 잭 골드스톤은 이렇게 결론을 내린다. "근대화의 성장이 세속화와 불신의 확산을 낳을 것이라는 사회학자들의 말은 섣부른 결론이었다. 현재 우리 눈앞에 펼쳐지고 있는 상황은 다르다. …… 사람들은 종교를 필요로 한다."

이 '세속' 시대에도 영적인 문제는 여전히 우리의 관심을 끈다.

해체주의

하지만 조직화된 종교에 대한 신뢰만큼은 커지지 '않고' 있다. 그리고 '해체주의'(deconstruction) 운동이 영성에 대한 우리의 갈망과 나란히 커져 가고 있다.

해체주의 이면의 기본적인 개념은 종교적 주장들에서 얇은 한 꺼풀만 벗겨 내면 더러운 권력욕이 드러난다는 것이다. 즉 지도자들이 권력을 유지하기 위해 종교 조직들을 이용하고 있다는 것이다. 안타깝게도 이 이론에는 꽤 많은 근거가 존재한다. 예로부터 조직화된 종교는 편협한 신앙, 노예제도, 조직적인 인종차별, 여성 혐오증, 대량 살상 같은 사회적 악을 정당화하기 위해 오용되었다.

실제로 종교는 매우 강력한 정치 도구 역할을 톡톡히 해왔다. 이제 언론은 '기독교'와 '복음주의'란 표현을 주로 정치적 목적으로 사용한다. 그러니 이제 많은 사람들이 교외에 사는 서구 백인 중산층의 가치들을 보호하고 전파하는 것이 기독교의 주된 기능이라 여기는 것도 무리는 아니다.

이외에도 많은 이유로 해체주의는 '무조건 나쁜 운동'은 아니다. 종교가 권력자들의 이익을 대변하거나 정치적 목적을 이루거나 소비자들의 욕구를 만족시키기 위한 도구로 전락할 때가 많았다는 주장은 반박할 여지가 없다.

하지만 해체주의의 목적은 거짓된 구조 이면의 진리를 회복하는 것이어야 한다. 해체주의 목표는 '모든 것'을 해체하는 것이 되어서는 안 된다. 모든 것을 해체하면 결국 아무것도 남지 않고, 그런 '무'(無)의 상태는 권력욕에 물든 '강자들'이 번영하기 딱 좋은 환경이다. C. S. 루이스는 1943년에 쓴 책 《인간 폐지》(*The Abolition of Man*)에서 다음과 같이 말했다.

> 뭔가를 계속해서 '꿰뚫어 보기만'(see through) 해서는
> 안 된다. 뭔가를 꿰뚫어 보는 것은 그것을 통해(through)
> 뭔가를 보기(see) 위해서다. 창문 너머의 거리나 정원이
> 불투명하기 때문에 …… 창문이 투명한 것이 좋은 일이
> 되는 것이다. 전체가 투명한 세상은 결국 보이지 않는
> 세상이다. 모든 것을 '꿰뚫어 본다는 것'은 아무것도 보지
> 못한다는 말과 같다.[3]

다시 말해, 거짓을 쓸어버리는 목적은 진리에 이르기 위해서다. 건강한 해체는 진리를 겹겹이 둘러싼 건강하지 못하고 거짓된 구조에서 진리를 분리해 내는 것이다.

다만 모든 종교 조직이 부패해 있다는 뜻은 아니다. 나는 목사다. 나 역시 '기독교 조직'을 이끌고 있다. 단지 나는 해체

주의 운동에 좋은 측면도 있으며 때로 기독교 조직이 진리의 전달자가 되기는커녕 진리에 방해가 되어 왔다는 사실을 인정하고 싶을 뿐이다. 이런 조직들의 어두운 면에 질린 많은 구도자들은 기독교 밖에서 진정한 영성을 찾을 수밖에 없었다. 그래서 예수와의 교신을 제시하는 슈마허 같은 자들이 나타났다. 우리 모두는 삶을 이해하게 해 주고 삶에 목적을 더해 주는 뭔가를 바란다. 그래서 우리는 지갑에 1,111달러가 있다면 자신에게 맞는 뭔가를 찾기 위해 그 돈을 기꺼이 내놓는다.

그런데 궁극적으로 우리에게는 자신에게 맞는 영적 경험 이상의 것이 필요하다. 우리에게는 진리가 필요하다. 진짜가 아닌 것들은 결국 우리를 실망시키기 때문이다.

우리가 제니퍼 애니스톤이나 우마 서먼의 촬영장 세트에서 산다고 생각해 보라. 얼핏 그 세트는 완벽히 진짜처럼 보인다. 그림 같은 건물과 사무실 공간, 거실, 푸르른 나무들. 문제는 이 모든 것이 진짜가 아니라는 것이다. 잠시 동안은 그것이 진짜인 것처럼 연기할 수는 있다. 하지만 그런 세트 안에서 살려고 하면 결국은 답답해서 견딜 수 없다.

뭔가가 우리를 오랫동안, 그러니까 평생, 아니 영원히 지탱해 주려면 단순히 우리에게 맞는 것을 넘어 '실재'에 근거한 것이어야 한다.

그러니 돈을 들고 로스앤젤레스로 달려가기 전에 잠시 숨을 돌리는 편이 현명하다. '카리사 슈마허의 예슈아'가 당신에게 잘 맞을는지 모르지만 과연 그가 진짜인가? 한 시간에 1,111달러면 진짜 예수를 만날 수 있는 것인가? 아니면 단지 슈마허가 목소리를 변조한 것인가?

제니퍼와 우마에게는 미안한 말이지만, 그들이 듣는 목소리는 그리스도가 아니라 슈마허의 목소리다.

하지만 내가 그것을 어떻게 아는가?

진짜 영성과 가짜 영성의 차이를 구별할 방법이 있는가?

기독교 조직들에 실망했다면 진리를 찾기 위해 살펴봐야 할 곳이 아직 남아 있을까?

슈마허의 쇼가 진짜 기독교가 아니라면 무엇이 진짜 기독교인가? 그리고 그것이 진짜인지 누가 결정하는가?

물론 기독교는 때로 '베스킨라빈스 31가지 맛' 느낌이 난다. 보수주의, 자유주의, 개신교, 가톨릭, 오순절파, 복음주의, 초교파, 고교회(high church), 저교회(low church), 성공회, 침례교 등등. 그리스도인들도 기독교가 무엇인지 의견의 일치를 보지 못하는데 어떤 버전이 '옳은' 것인지 누가 알 수 있을까? 진정한 영성을 찾는 탐험은 어디서부터 시작해야 할까?

이제부터 이런 질문을 함께 탐구하고자 한다. 이 책은 내 생각이나 통찰, 경험이 아니라 기독교 설계자들의 말을 중심으로 구성된 책이다. 모든 조직, 제도, 규약, 정치 이전으로 거슬러 올라가 기독교의 본질적 요소를 다루는 책이다. 성경 기자 유다가 말한 "성도에게 단번에 주신 믿음의 도"(유 1:3) 곧 기독교 신앙의 정수에 관한 책이다. 1세기 그리스도인들에게 기독교의 믿음은 단순히 '자신들에게 효과적인' 철학이나 경험이 아니었다. 물론 이 믿음은 그들에게 효과적이었다. 이 믿음은 삶을 이해하게 해 주고 삶에 목적을 더해 주었으며 영원에 대한 확신을 주었다. 하지만 이 믿음이 통한 이유는 그것인 '참'이었기 때문이다.

초대 교회 리더였던 사도 바울이 로마 교회 교인들에게 쓴 편지(로마서)가 기독교의 핵심, 곧 본질로 들어가는 데 좋은 통로가 되어 줄 것이다.

기독교에 관한
가장 분명하고 순수하고 깊이 있는 설명

이 책은 바울이 로마 교회에 보낸 편지에 대한 주석서가 아니다. 다만 우리는 바울의 편지를 중심으로 기독교의 본질적 요소들을 추출해 낼 것이다. 이렇게 묻고 싶다. "바울이 1세기 로마와 유대 문화 속에서 살던 사람들이 아닌, 21세기 서구 탈기독교 문화에 살고 있는 사람들에게 오늘 로마서를 쓴다면 뭐라고 쓸 것인가?"

내가 이 접근법을 선택한 데는 여러 가지 이유가 있다. 우선, 바울이 로마 교회에 쓴 편지는 교회 역사 내내 기독교의 기본에 관한 가장 분명하고 순수하고 깊이 있는 설명으로 인정받았다. 바울은 자신이 이 진리에 온 인생을 거는 이유를 설명하기 위해 높은 교양과 학식을 갖춘 로마의 친구들에게 이 편지를 썼다.

둘째, 로마서에 관한 연구는 거의 매번 기독교의 부흥으로 이어졌다. 교회사에서 가장 중요한 신학자로 손꼽히는 4세기 히포의 아우구스티누스는 로마서의 한 구절을 통해 변화받았다.[4] 나중에 그는 로마서 연구를 통해 "모든 의심의 구름이 걷혔다"고 고백했다. 16세기 종교 개혁자 마르틴 루터는 로마서에서 "신약의 가장 중요한 부분"을 발견할 수 있으며, 로마서에 교회의 "흥망성쇠"를 결정할 교리가 담겨 있다고 말했다. 결국 그의 로마서 강해는 종교개혁과 현대 선교 운동으로 이어졌다.

셋째, 로마서에서 바울의 논리는 너무나 정밀하다. 오죽하면 하버드로스쿨(Harvard Law School)은 설립 후 100년가량 1학년

학생들에게 로마서에서 바울이 반론을 예상하고 답변하면서 주장을 펼쳐 가는 방식을 공부하게 했다. 바울은 기독교 메시지의 일관성과 논리성을 체계적인 방식으로 보여 주면서 기독교를 세상의 여타 영적 개념들과 차별화시킨다. 우리가 바울의 말에 대한 반론을 떠올리면 다음 구절에서 여지없이 그 반론에 대한 답이 등장할 때가 많다. 볼수록 놀랍다.

마지막으로, 로마서에서 바울의 논리는 기독교에 대해 확신하지 못하는 사람들에게 "놀라울 만큼 타당하게"(최근 믿지 않는 내 친구가 사용한 표현이다) 다가온다. 아마 바울도 지독한 회의론자에서 출발했기 때문이리라. 예수님의 부활은 그에게도 지극히 허무맹랑한 소리였다.

1세기 사람의 말이 21세기를 사는 우리의 질문과 문제에 답을 준다는 것이 황당하게 들릴지도 모르겠다. 하지만 (진리를 찾고 있지만 아직 기독교 신앙은 없는 내 친구의 말을 다시 빌리자면) 다른 것은 몰라도 로마서는 "인간의 근원적인 불안과 질문이 2천 년 동안 조금도 변하지 않았다"는 사실을 증명해 준다.

지친 그리스도인에게 필요한 연료

당신이 이미 그리스도인이라 해도 이 책을 믿지 않는 사람만을 위한 것으로 보지 않기를 바란다. 사실 이 편지에서 바울이 의도한 주된 수신인은 '그리스도인'이었다. "성도로 부르심을 받은 모든 자에게"(롬 1:7). 바울은 복음이 그리스도인의 삶을 '시작하게' 하는 것일 뿐 아니라, 그리스도인의 삶에서 우리를 '성장하게' 하는 것이라고 설명한다.

나는 영적 생활에서 지치고 메마른 그리스도인들을 자주 만난다. 그들은 신실한 그리스도인의 삶의 요건이라고 하는 온갖 의식과 형식을 마지못해 따라가고 있다. 그들은 주변에 가득한 분열과 정치적 다툼에 진저리가 나 있다. 혹시 당신도 그런가? 기독교가 주장하는 사실들에 수긍하는 것은 그다지 어렵지 않지만, 기독교에 대한 당신의 실질적인 경험으로 보면 뭔가가 빠진 것만 같은가? 로마서에서 사도 바울은 '지금' 복음을 능력으로 경험하는 법을 보여 준다. 지금도 우리는 시련, 의심, 문제, 질문 속에서 복음을 능력으로 경험해야 한다.

복음은 기독교로 뛰어들기 위한 다이빙대 정도가 아니다. 복음은 우리가 헤엄을 치는 풀장 자체다. 이 책은 '그리스도인의 삶의 선(善)과 기쁨과 자유와 능력'을 재발견하라는 초대장이다. 바울은 로마 교회가 그렇게 되기를 바랐다.

같은 의미에서 마르틴 루터는 이렇게 말했다. "그리스도인의 삶에서 전진이란 언제나 다시 처음으로 돌아가 시작하는 것을 의미한다." 복음으로 돌아가는 것이 답이다.

복음이란 무엇인가

"복음"(Gospel)은 그리스도인들이 자주 쓰면서도 딱히 제대로 정의하지 않는 단어 중 하나다. 어쨌든 기독교의 핵심적인 메시지를 지칭한다. 오늘날 이 단어는 거의 종교적인 의미로만 쓰이는데, 예수님과 사도들이 처음 쓸 때는 전혀 종교적인 단어가 아니었다. 예를 들어, 황제가 큰 전쟁에서 승리를 거두면 승리에 관한 '복음'(문자적으로 '좋은 소식')을 전할 전령들을 보냈다. 전령들은 본국으로 돌아가 이렇게 선포했다. "좋은 소식이 있소! 황제께서 큰 전쟁에서 승리를 거두셨소! 이제 더는 두려움에 떨 필요가 없소!"

초대 교인들은 예수님이 행하신 일을 요약하기 위해 이 단어를 차용했다. "우리 왕께서 우리를 위해 승리를 거두셨다! 이제 우리는 그분의 승리에 동참하고 그분의 평강 가운데 쉬도록 초대를 받았다!" 이 복음의 선포가 바로 기독교의 핵심이다. 많은 것이 잘못되어도 복음 부분만 제대로 되어 있다면(올바르다면) 기독교라고 말할 수 있다. 하지만 복음이 빠지면 다른 모든 것이 있어도(그리고 그것들이 우리와 아무리 잘 맞아도) 기독교라고 말할 수 없다.

바울은 이런 짧은 설명으로 로마서를 시작한다. 복음은 다음에 관한 말 그대로 좋은 소식이다.

* 예수님은 누구신가.
* 예수님은 무엇을 행하셨는가.
* 예수님은 무엇을 가져오시는가.[5]

이것이 로마서의 구조다. 여기서 우리가 앞으로 이 책 전반에 걸쳐 살펴볼 실용적인 정의를 얻을 수 있다.

하나님은 은혜의 행위로서 그분의 아들 예수 그리스도를 인간으로 이 땅에 보내셨다. 이는 그리스도의 삶과 죽음과 부활을 통해 우리를 구원하시고, 왕으로 다스리시며, 우리가 누려야 할 영원하고 온전한 삶으로 우리를 이끄시기 위해서다.

잠시 이 정의를 분석해 보자.

"하나님은"

복음은 하나님에게서 시작된다. 하나님은 분명히 존재하신다. 하나님은 인류 역사 내내 일하시고 말씀하셨다. 이것만으로도 엄청난 주장인데, 우리는 이제 겨우 한 단어를 살폈을 뿐이다!

"은혜의 행위로서"

'은혜'라는 단어는 '자격 없이 받는 자비'라는 뜻이다. 제대로 이해하면 은혜는 기독교를 다른 모든 영적 접근법과 차별시키는 요소다. 은혜는 복음의 기초다. 기독교의 다른 모든 진리는 은혜의 선율로 연주된다.

전 세계적으로 널리 알려진 판타지 소설 《나니아 연대기》 (*The Chronicles Of Narnia*) 시리즈의 저자인 C. S. 루이스는 옥스퍼드대학교(Oxford University)의 교수였으며, 지독한 무신론자였다가 30대에 그리스도인이 되었다. 어느 날 오후 루이스는 학교 복도를 걷다가 누군가가 강의실 안에서 자신의 이름을 부르는 소리를 들었다. 안을 들여다보니 동료들이 한 강의실에 모여 칠판에 세상 종교들의 공통점을 적고 있었다. '도덕, 책임성, 심판, 예배' 등이 적혀 있었다. 그들은 루이스가 그리스도인이라는 것을 알고 이렇게 말했다. "잭(루이스의 별칭), 이 칠판에 적히

지 않는 것 중에서 기독교가 믿는 것이 있다면 말해 보게." 루이스는 동료들이 적은 목록을 잠깐 훑어보고는 칠판에 단 한 단어를 적었다.

"은혜."

루이스는 분필을 놓고 조용히 강의실을 걸어 나갔다. 더 무슨 말이 필요하랴.

은혜야말로 기독교와 다른 모든 종교의 좁힐 수 없는 가장 큰 차이점이다. 기독교의 본질은 하나님을 위해 무엇을 해야 할지 알려 주는 좋은 조언이 아니라, 하나님이 우리를 위해 해 주신 일에 관한 좋은 소식이다. 기독교의 본질은 도덕이나 책임, 선에 관한 가르침이 아니라, 은혜의 선포다.

"그분의 아들 예수 그리스도를 …… 보내셨다"

사도 요한의 표현을 빌리자면 하나님 자신이 인간이 되어 우리 가운데 거하셨다(요 1:14). 이 내용과 이유는 나중에 더 자세히 살펴보자.

"우리를 구원하시고"

예수님과 관련해 가장 중요한 것은 그분이 무엇을 가르치셨는지가 아니라 무엇을 행하셨는지다. 실제로 바울이 로마 교회에 쓴 편지는 예수님이 무엇을 가르치셨는지는 별로 말하지 않고 주로 예수님이 무엇을 행하셨는지를 말한다. 기독교의 상징은 강대상이 아니라 십자가다.

기독교의 본질은 구원하는 종교다. 여기서 의문이 든다. "우리에게 왜 구원이 필요한가?" "어떻게 2천 년 전에 살았던 사람이 오늘 우리를 구원할 수 있는 뭔가를 행할 수 있는가?" 이 책의 3-6장에서 이 질문들과 씨름할 것이다.

"왕으로 다스리시며, 우리가 누려야 할 영원하고 온전한 삶으로 우리를 이끄시기 위해서다"

복음은 예수님이 우리를 무엇으로부터 구원하기 위해 오셨는지만이 아니라, 무엇을 위해 우리를 구원하시는지를 알려 주는 소식이다. 예수님은 우리가 누려야 할 영원하고 온전한 삶을 위해 우리를 구원해 주신다. 바울의 설명에 따르면 복음은 우리를 회복시켜 영원하고 온전한 삶으로 이끈다(이 책의 7-10장의 주제). 이것은 불신자만이 아니라 그리스도인마저 자주 잊어버리는 사실이다. 하지만 바울이 로마 교회에 보낸 위대한 편지를 보면 거의 모든 장에서 이 사실이 빛나고 있다.

기독교가 우리에게 잘 맞는 것은 '참'이기 때문이다

바울은 이런 진리를 단순히 우리에게 잘 맞는 통찰 정도가 아니라, 실재(實在)로서 제시하고 있다. 사실, 이런 진리가 우리에게 잘 맞는 것은 그것이 '참'이기 때문이다. 그렇다고 해서 이런 진리가 쉽다거나 직관적이라는 뜻은 아니다. 복음에 관한 바울의 말을 읽어 보면 듣기에 꽤 거북한 내용이 적지 않을 것이다. 나도 그랬다.

바울도 마찬가지였다. 바울은 처음부터 그리스도인이 아니었다. 오히려 정반대였다. 그는 교회를 가장 심하게 핍박한 사람이었다. 그는 그리스도인들이 도덕과 율법을 어기는 사람을 너무 쉽게 용서하고 로마의 압제에 충분히 분노하지 않는다고 생각했다. 하지만 다메섹성으로 가는 먼지투성이 길에서 그는 한 번도 겪어 보지 못한 힘을 마주했다. 그는 부활하신 예수님을 경험했고, 그 순간 예수님은 그의 인생을 변화시키셨다.[6]

이제 그는 우리에게 이 힘에 관해 알려 주기를 '원한다'고 말한다(롬 1:15). 충격적이고 부담스럽고 때로는 좀 기분 나쁘더라도 하나님이 하시는 말씀을 받아들일 준비가 되었는가? 부디 그렇기를 바란다. 그래서 이 책을 선택했으리라 믿는다. 이 책을 읽기 위해 한 시간에 1,111달러나 지불하지 않아도 되니 더더욱 잘된 일 아닌가.

하나님이 계신지 어떻게 알 수 있는가?

부정할 수 없는

Undeniable

그의 보이지 아니하는 것들 …… 이
그가 만드신 만물에 분명히 보여 알려졌나니.
로마서 1장 20절

와플하우스의 초콜릿 칩 와플과 토핑과 후추를 넉넉히 뿌린 해시 브라운은 그야말로 천상의 맛이다(미국 남동부 출신이 아니라면 잘 모르겠지만 우리는 인류의 문화적 발전과 번영에 가장 크게 기여한 남동부의 산물로 와플하우스를 꼽는다). 오감으로 행복을 만끽하며 해시 브라운을 입에 넣으려는 그때, 나는 바로 옆 테이블에서 웨이트리스와 한 남자가 나누는 대화를 엿듣게 되었다. 와플하우스에서 들으리라고는 전혀 예상치 못한 내용의 이야기였다.

남자가 말했다. "인생에서 '가장' 중요한 질문은 하나님이 어떤 분이냐는 거예요."

그는 계속해서 말했다. "하지만 문제는, 하나님이 계신다고 해도 그분에 관한 수많은 의견 중에서 '무엇'을 믿어야 할지 모르겠다는 거죠. 다들 말이 다르잖아요. 누구 말이 옳은지 어떻게 알 수 있죠?"

나는 음식을 입에 가득 문 채 생각했다. '저 사람들 참 운 좋군. 무려 목회학석사 학위(Master of Divinity) 소지자가 여기 있으니 말이야. 이건 내 전문이지.' 참고로 나는 목회학을 '완벽히 터득'(master)했다는 표현이 어불성설이라는 생각을 늘 해 왔다. 여하튼 나는 대화에 끼어들기 위해 손을 들어 흔들었다. 다행히 누군가가 그것을 눈치 채기 전에 웨이트리스의 대답을 듣게 되었다.

"아, 그런데 내가 누구를 가장 싫어하는지 아세요? 소위 '거듭났다는' 인간들이에요. 여기 오기만 하면 하나님 타령이죠. 대화라는 건 할 줄 몰라요. 그냥 자기 이야기만 하죠. 남들한테 아무런 관심도 없어요. 그저 자기가 왜 옳은지를 보여 줄 생각뿐이라니까요."

그때 웨이트리스가 흔들던 내 손을 발견하고는 물었다.

"네, 뭘 드릴까요?"

나는 상황 파악을 하고서 깊은 숨을 들이마셨다.

"아, 네…… 차, 차 좀 리필해 주세요."

'거듭난' 그리스도인으로서 나는 그 웨이트리스의 선입관을 확인시켜 주고 싶지는 않았다. 그런데 내 웨이트리스 친구(나중에는 그녀와 친해져서 좋은 대화를 많이 나누었다)와 그 남자는 매우 중요한 질문을 던졌다.

"우리는 하나님에 관해 무엇을 알 수 있는가? 그리고 우리가 그것을 아는지 어떻게 알 수 있는가?"

이 이야기에서 당신은 누구에게 가장 공감이 가는가? 하나님에 관한 이 질문이 중요하다는 사실을 아는 그 남자? 아니면 실질적인 대화보다는 논쟁에서 이기는 데만 관심이 있는 기독교인들에게 신물이 난 웨이트리스? 아니면 조용히 차를 마시며 고민에 빠진 나?

이번에는 와플하우스의 다른 한 구석에서 이 대화를 듣고 있는 제3의 인물을 상상해 보라. 바로, 사도 바울. 나보다 머리가 더 빨리 돌아가고 용기가 더 많은 인물. 그가 그날 와플하우스에서 해시 브라운을 먹고 있었다면 뭐라고 말했을까? 이렇게 말하지 않았을까? "아주 좋은 질문이군요. 제가 좀 이야기를 해도 괜찮을까요?"

하나님은 자신을 '분명히' 알려 주셨다

이는 하나님을 알 만한 것이 그들 속에 보임이라
하나님께서 이를 그들에게 보이셨느니라 창세로부터 그의
보이지 아니하는 것들 곧 그의 영원하신 능력과 신성이
그가 만드신 만물에 분명히 보여 알려졌나니 (롬 1:19-20).

바울은 평소처럼 짤막한 문장에 심오한 내용을 집약시켰다. 이 구절에서 그의 기본적인 주장은 이것이다. 하나님은 그분 자신에 관한 기본 진리들을 지금까지 살아온 모든 사람에게 알려 주셨다. 하나님은 온갖 곳에 그분의 지문을 남기셨다. 볼 수 있는 눈만 있으면 그것을 볼 수 있다.

철학자들은 고맙게도 이 지문들을 크게 네 범주로 묶었다. 하지만 안타깝게도 그것들에 복잡한 명칭을 붙였다. 여기서 나는 그 복잡한 명칭들을 사용할 것이다. 하지만 지레 겁먹지 말기를 바란다. 개념 자체는 지극히 단순하다. 스타벅스에서 무려 열여섯 개 성분이 들어간 14달러짜리 음료의 이름을 기억할 정도면 누구나 배울 수 있다.

사도 바울은 하나님이 피조세계 속에서 자신을 드러내시는 방식에는 네 가지가 있다고 밝힌다.

우주적 지문

바울에 따르면, 피조세계가 하나님에 관해 알려 주는 것 중 하나는 그분의 "영원하신 능력과 신성"이다.

이 주제는 세상에서 가장 기본적인 질문으로 거슬러 올라간다. "왜 세상은 무(無)가 아니라 뭔가가 존재하는가? 그리고 최초의 뭔가는 어디에서 왔는가? 빅뱅이 우리 눈에 보이는 만물의 복잡성을 낳았다고 하더라도 그 빅뱅은 무엇에서 비롯했는가?" '무 곱하기 무는 모든 것이 될 수 없다'보다 더 자명한 사실은 별로 없을 것이다. 0 곱하기 0은 언제나 0이다. 0 곱하기 0이 알키오네우스 은하나 인간 DNA 세포가 될 일은 절대 없다.

무신론 사상가 고(故) 칼 세이건은 한 라디오 프로그램에서 수천억 년 전, 우주의 중심에서 물질이 폭발해 우주의 모든 것이 생겨난 과정을 설명했다. "그렇다면 그렇게 폭발한 물질들은 어디서 온 거죠?" 프로그램 진행자가 묻자 세이건은 대답했다. "바로 그 부분이 과학의 한계입니다."

나는 그 대답이 너무도 마음에 들지 않았다. 정작 세상에서 가장 중요한 질문에 답을 회피했으니 말이다. 진화론이 인간 경험의 모든 복잡성과 아름다움, 신비를 설명해 줄 수 있다 해도 0 곱하기 0으로 뭔가가 나타날 수 있다는 것은 나로서는 여전히 이해가 가질 않는다. 그리고 이 한 가지 질문(그 모든 것이 어디에서 왔는가?)을 과학이 답할 수 없는 불가사의로 받아들여야 한다는 말은 아무리 생각해도 부당하게 느껴진다.

우리 세대에 가장 유명한 무신론자인 리처드 도킨스도 무한한 무에서 빅뱅이 일어났다고 믿기 위해서는 믿음의 도약이 필요하다는 점을 인정한다.

누구든 진리를 솔직히 탐구한다면 …… 열대우림이나 산호초, 우주처럼 일어나기 힘든 지독히 낮은 확률의 사건들을 설명해야만 한다. …… 자연선택은 〔그 설명이〕될 수 없다. 물론 아무도 아직 더 나은 설명을 생각해 내지

못했다. 하지만 아직 발견되지 않은 다른 설명들이 있을 수 있다.[1]

다시 말해, 도킨스는 다윈의 진화론이 생물학적인 설명을 제시하지만 우주론(궁극적인 기원)에 대한 답을 주지 못한다는 점을 인정한다. 그는 우주론은 또 다른 다윈을 기다리고 있다고 말한다.[2] 그는 원시 물질들이 어떻게 생명체로 진화했는지 잘 알고 있다고 생각한다. 하지만 그 물질들이 어디서 왔는지는 전혀 모른다고 인정한다. 단, 언젠가는 인류가 그것을 알아낼 것이라고 자신한다. 물론 대부분의 사람들은 그것을 맹목적인 믿음의 도약이라고 부를 것이다.

바울의 대답은 모든 것이 하나님에게서 왔다는 것이다. 뭔가는 영원해야만 한다. 무한히 뒤로 거슬러 올라갈 수는 없다. 그리고 그 '영원한' 것은 물질적인 것이거나 혹은 비물질적인(신적 영역인) 것이어야 한다. 물론 그것의 존재를 직접적으로 '증명할' 수는 없다. 하지만 영원한 뭔가나 하나님이 존재하신다고 믿는 편이 더 합리적이지 않은가? 무가 아니라 뭔가가 존재한다는 사실은 영원하고 비물질적인 설계자가 이면에 있음을 시사한다. 물론 우리는 그 신이 이 모든 일을 일으키기 위해 어떤 메커니즘을 사용했는지 알 수 없지만 말이다.

요지는 우리가 시스티나성당이나 타지마할, 혹은 셰익스피어의 작품을 보고서 우연의 산물이라고 생각하지 않는다는 것이다. 우리는 이면에 설계자가 있다는 것을 본능적으로 안다. 피조세계를 볼 때도 마찬가지다. 우리는 그것이 우연의 산물이 아니라 예술 작품이라고 느낀다. 피조세계는 하늘의 예술가를 가리키고 있는 것이다.

목적론적 지문

목적론이라는 명칭은 우주에 목적이 있어 보인다는 사실에서 비롯했다. 최소한 우리의 우주는 설계된 것처럼 '보인다.' 나아가, '우리를 위해' 설계된 것처럼 보인다.

예를 들어, 생태학자들은 생태계가 극도로 정교하다는 사실에 주목한다. 그들은 공기 중의 산소 농도가 단 6퍼센트만 떨어져도 우리 모두가 질식해서 죽는다고 말한다. 산소 농도가 4퍼센트만 올라가도 지구는 거대한 불덩이로 변해 우리 모두는 화염 속에서 죽게 된다. 더 무시무시한 사실은, 대기 중에 이산화탄소 농도가 단 0.5퍼센트만 높아져도 이 세상은 오븐으로 변한다. 반대로, 이산화탄소 농도가 0.02퍼센트만 낮아져도 대기 자체가 사라진다. 그러면 더 많은 죽음이 발생한다.

이번에는 태양계를 보자. 우주학자들은 지구가 태양에

2퍼센트만 더 가까워져도 너무 뜨거워서 물이 존재할 수 없다고 말한다. 그리고 지구가 정확히 23.5도로 기울어 있지 않으면 온도가 너무 극단적이 되어 우리 모두는 죽게 된다. 목성이 현재의 크기가 아니라면 지금보다 만 배는 많은 소행성이 지구와 충돌해 우리 모두는 죽게 된다(잠시 목성에 감사하는 시간을 갖자). 어느 저자는 우리 태양계의 이 놀라운 '우연'에 관해 생각하면서 이렇게 말했다. "우리의 존재는 사실상 불가능한 기적인 정도가 아니라 상상할 수 있는 가장 황당한 기적이다."[3]

옥스퍼드대학교 수학자 존 레녹스는 우리 생태계의 존속이 마치 사수가 "관측 가능한 우주에서 20억 광년 떨어진 곳에" 있는 동전을 맞추는 것과 같다고 말했다.[4] 지구에서 생명이 번영할 수 있는 우주적 조건이 우연히 갖추어질 확률은 30개의 면도날을 공중에 던져 그 모두가 날 쪽으로 서고, 나아가 그 위에 코끼리 같은 것이 올라올 확률과 비슷하다.

망원경을 놓고 현미경을 설치해도 분자 차원에서도 똑같이 기가 막힌 복잡성을 확인할 수 있다. 가장 기본적인 DNA 가닥도 놀랄 정도로 복잡하다. DNA가 우연히 발생했다는 말은 잉크 공장에서 폭발이 일어났는데 우연치 않게 셰익스피어의 작품들이 탄생했다고 생각하는 것과 마찬가지다.

앨버트 아인슈타인 이후로 세계에서 가장 유명한 과학자

라고 할 수 있는 고(故) 스티븐 호킹(그는 기독교 신자가 아니다)은 원자의 구성에 관해 이런 말을 했다. "현재 우리가 아는 과학의 법칙은 정확한 비율들을 많이 포함하고 있다. 예를 들어, 전자들의 전하 크기나 양자와 전자의 질량 비율 같은 것들이 그렇다. 놀라운 사실은, 이런 숫자들의 값이 생명의 발달을 가능하게 하기 위해 정교하게 조정된 것으로 보인다는 점이다." 익숙한 주제로 돌아가 보면, 양자와 전자가 '정'반대의 전하값(각자 별개로 측정된 값)을 가지지 않으면 원자는 구성될 수 없고 ...... 우리는 죽기는커녕 존재할 수도 없다.

일부 과학자들은 이것을 "골디락스 원리"(Goldilocks principle)라고 부른다. 우리의 우주는 우리가 생존하기에 '딱 맞다.' 현재 상태에서 조금만 바뀌어도 아무도 존재할 수 없다.

혹시 이렇게 말하는 사람이 있을지도 모르겠다. "우리는 그냥 운이 좋은 거야. 수십조의 행성계 중에서 우리가 우연히 모든 것이 딱 맞는 행성계 속에 놓이게 된 거야." 하지만 과연 그것이 가능한가? 수학자들은 그렇다고 답할지도 모르겠다. 확률이 지극히 작기는 하지만 가능하기는 하다. 이렇게 생각해 보라. 동전 하나를 던져 천 번 연속으로 앞면이 나올 가능성은 극도로 낮다. 10억 명이 줄을 서서 10조 년 동안 각자 1초에 한 번씩 동전을 던져야 '연속 천 번'을 이룰 가능성이 조금이나마 있다. 그런데 우리가 수십조의 행성계 중에서 모든 조건이 완벽한 딱 하나의 행성계 속에 있다고? 충분한 시간이 지나 모든 조건이 완벽해져서 지금 우리가 자신의 엄청난 운에 감탄하고 있다고?

일부 과학자들도 '환원 불가능한 복잡성' 같은 요인들로 인해 이것이 불가능하다고 말한다. 이런 요인들로 인해 아무리 수십조 년이 지나도 무작위적이고 맹목적인 힘들이 우리 몸과 생태계 같은 복잡한 구조를 설계해 낼 수는 없다.

하지만 이론적으로 가능한지 따지는 것보다, 우리의 행성이 엄청난 행운의 산물이라는 것이 우리가 보는 모든 것에 관한 가장 단순하고도 설득력 있는 설명인지 따지는 편이 더 합리적일 것이다. 내가 볼 때 그런 결론에 도달하려면 그것을 믿기 '원하는' 강한 이유가 있어야 한다. 그리고 바울은 우리 중에 그런 이유를 갖고 있는 사람들이 있다고 말한다. 이 문제에 관해서는 다음 장에서 더 이야기해 보자.

도덕적 지문

우리 모두의 내면에는 어떻게 살아야 할지를 알려 주는 목소리가 있다. 우리는 옳고 그름을 이해하고(무엇이 옳거나 그른지에 관한 의견은 다르지만) 뭐든 스스로 옳다고 믿는 바대로 살지 못할 때는 죄책감을 느끼는 경향이 있다. 이 느낌은 지구상의 모든 인간 문화 속에서 발견된다. 바울은 이 현상을 "마음에 새긴 율법"이라고 부른다(롬 2:15). 바울은 심지어 성경이 없는 곳에서도 하나님이 우리의 양심에 그분의 법의 기본적인 형태를 새겨 넣으셨다고 주장한다.

나는 이런 도덕관념이 진화가 요구하는 적자생존의 메커니즘을 통해 형성될 수 없다고 생각한다. 그러니까 우리의 도덕이 사실상 자기방어기제이며 우리가 그 기제를 후손에게 물려주고 그것이 덕목으로 포장된다는 설명은 전혀 신빙성이 없다.

우선, 옳고 그름에 대한 관념과 올바르게 살지 못할 때 찾아오는 죄책감은 모든 인류 문화에서 볼 수 있지만 동물의 왕국에서는 볼 수 없다. 쥐를 한참 잔인하게 갖고 놀다가 잡아먹은 뒤에 침대 밑에서 훌쩍거리며 "다시는 이런 짓을 하지 말아야겠어"라고 다짐하는 고양이를 본 적이 있는가? 물론 영화 〈니모를 찾아서〉(Finding Nemo)에서 상어 브루스는 충동적으로 물고기를 잡아먹고서 자신을 치며 "물고기는 음식이 아니라 친구야. 물고기는 음식이 아니라 친구야"라고 되뇐다. 하지만 그것은 만화영화 속 세상이지 진짜 세상이 아니다.

당신과 나는 동물의 세계 어디서도 볼 수 없는 도덕적 나침반을 지니고 있다. '적자생존'은 이 상황을 만족스럽게 설명해 줄 수 없다. 우리 종이 경쟁 종들을 무찌르면서 현재의 자리까지 왔다면, 우리끼리의 폭력이 잘못이라고 말하는 것은 앞뒤가 맞지 않는 처사다. 그것은 종 차별주의처럼 들린다.

성경의 답은 우리 내면의 도덕관념이 옳고 그름을 정하시고 우리의 마음에 그분의 형상을 불어넣으신 하나님에게서 왔다는 것이다. 우리가 그분을 믿든 믿지 않든 우리는 그분의 형상대로 지음받았다. 적자생존이 다양한 종의 다양한 특성이 생존하는 이유를 설명해 줄지는 모르지만, 인간들을 가만히 살펴보면 적자생존이 도덕의 근거라는 개념은 말이 되지 않는다. 예를 들어, 우리는 힘없는 아이에게 성폭력을 가하는 것이 단순히 종의 번식에 '이득이 되지 않는' 것이 아니라, '악하다'는 것을 본능적으로 안다.

갈망의 지문

우리 안에는 물질세계를 초월한 것들에 대한 갈망이 있다. 우리는 사랑을 갈망한다. 우리는 의미를 갈망한다. 우리는 언젠가 우리의 존재가 그냥 끝나 버리는 상황을 바라지 않는다.

월터 아이작슨은 애플의 전설적인 공동 창립자 스티브 잡스의 결정판 전기를 썼다. 아이작슨에 따르면, 자칭 불교도였던 잡스는 죽기 몇 달 전부터 삶의 의미와 하나님에 관한 질문과 씨름하기 시작했다.

"하루는 그의 뒤뜰 정원에 앉아 있는데 그가 하나님에 관해 이야기하기 시작했다." 아이작슨은 그렇게 회상했다.

그는 이렇게 말했다. "가끔 하나님의 존재가 믿겨지기도 하고 그렇지 않기도 해요. 50 대 50이라고 할까요. 하지만 암에 걸린 뒤로 더 많이 생각하게 되네요. 그리고 좀 더 믿어져요. 아무래도 내세를 믿고 싶기 때문인 것 같아요. 죽으면 존재가 그냥 사라지는 것이 아니라고 믿고 싶네요. 우리가 쌓은 지혜가 어떤 식으로든 살아남았으면 좋겠어요."

그는 잠시 말을 멈추었다가 이내 입을 열었다. "하지만 때로는 온오프 스위치 같아요. 딸깍 하면 사라지는 거죠." 그는 다시 뜸을 들이다가 말했다. "그래서 내가 애플 기기들에 온오프 스위치를 달기 싫어하는 겁니다."[5]

잡스가 이런 생각을 한 데는 이유가 있다. 우리 모두가 이런 생각을 하는 데는 이유가 있다. 그것은 하나님이 우리의 영혼에 그분의 지문(영원한 능력과 신성)을 찍으셨기 때문이다.

이 주제에 관한 C. S. 루이스의 글은 더할 것도 뺄 것도 없이 완벽하다.

갈망을 충족시킬 방법이 존재하지 않는다면 피조물들은
갈망을 타고나지 않을 것이다. 아기는 굶주림을 느낀다.
그것은 음식이라는 것이 존재하기 때문이다. 새끼 오리는
헤엄치기를 원한다. 그것은 물이라는 것이 존재하기
때문이다. 인간은 성욕을 느낀다. 그것은 성이라는 것이
존재하기 때문이다. 내 안에 이 세상의 어떤 경험으로도
충족시킬 수 없는 갈망이 있다면, 가장 그럴듯한 설명은
내가 다른 세상을 위해 지어졌기 때문이라는 것이다.
세상의 그 어떤 쾌락도 그 갈망을 충족시킬 수 없다면,
그것이 우주가 사기라는 증거는 아니다. 세상의 쾌락은
그 갈망을 충족시키기 위해서가 아니라, 그 갈망을
자극함으로써 진짜를 가리키기 위해 존재하는 것이
아닐까.[6]

무신론은 이런 갈망을 두고 이렇게 말한다. "제발 그만 징
징거려. 우주 속에서 네 외로움을 받아들이라고. 용감하게 굴
어." 20세기 가장 유명한 무신론자 철학자 알베르 카뮈는 이것
을 "삶의 부조리"라고 불렀다. "신이 없는 우주에는 소망 없이

그저 죽음에 대한 의식적인 확신만 있다." 그에게 삶은 존재하지도 않는 의미를 찾는 한 편의 길고 비극적인 희극이었다.

반면, 사랑으로 가득하신 하나님, 우리가 그분을 알고 영원히 즐기도록 창조하신 하나님이 계시다면 사랑, 의미, 소망을 향한 우리의 갈망은 헛되지 않다. 이런 갈망은 부조리하지 않다. 이런 것을 향한 갈망은 우리가 이런 것을 누리도록 창조하신 하나님의 존재를 가리킨다.

2009년 영국의 저널리스트이자 전기 작가이며 사상가인 철학계 거물 A. N. 윌슨은 이렇게 말했다. "무신론은 〔우연히 발생한 화학물질들의 움직이는 덩어리, 곧 당신과 내게〕 어떻게 사랑이나 영웅적 행동, 시적 표현의 능력이 있는지에 답해 주지 못한다."

사랑도, 영웅적 행동도, 시적 표현도 없다고 생각해 보라. 이것은 매우 심각한 하자다. 지극히 무신론적인 데이트 신청을 상상해 보라. "내 유전자로 볼 때 당신은 내 DNA 번식에 딱 맞는 상대입니다. 당신과 함께 있는 것이 편안하고 기분 좋게 생각되고 스스로 이타적인 사랑을 느낀다는 착각이 들도록 내 시냅스들이 정렬되었어요. 그러니 나와 교미를 하는 게 어때요?"

어떤가? 로맨틱한가?

우리는 이런 식으로 살지 않는다. 본능적으로 우리는 우리의 삶에 뭔가가 더 있다는 것을 알기 때문이다.

넘치도록 충분한 흔적과 지문들

이런 것이 하나님에 관한 '완벽한 증거'라는 뜻은 아니다. 이런 것은 하나님의 존재를 가리키는 단서다. 이런 것은 하나님의 지문들이다. 물론 지문은 위조할 수 있다. 하지만 지문을 위조된 것으로 보려면 그럴 만한 확실한 이유가 있어야 한다.

로마서 1장에서 바울은 하나님에 관한 논리적인 증거를 구성하기보다는, 쉽게 알아볼 수 있고 합리적인 지성의 소유자라면 인정할 수밖에 없는 하나님의 지문들을 가리킨다.

이런 식으로 생각해 보라. 내가 집에 와서 아내가 쓴 메모를 발견한다. "여보, 생일 축하해요. 이따 와플하우스에서 만나요." 편지에는 나만 아는 애칭과 함께 아내의 사인이 있다. 누군가가 나를 집 밖으로 유인한 뒤에 집을 털기 위해 아내의 사인을 정확히 흉내 내고 내가 아내에게 사용하는 특별한 애칭을 운 좋게 알아냈을 '가능성'이 있을까? 요즘 워낙 도둑이 많으니까 운이 나쁘면 그런 도둑을 만날 수도 있다. 하지만 그것이 그 메모에 대한 '가장 그럴듯한' 설명일까?

바울의 요지는 피조세계 속에서 말씀하시는 하나님의 음성을 듣지 않기 위해서는 그럴 만한 강한 '이유'가 필요하다는 것이다. 그 음성이 충분히 명료하기 때문이다. "이는 하나님을 알 만한 것이 그들 속에 보임이라(즉 증거가 있다) 하나님께서 이를 그들에게 보이셨느니라 창세로부터 그의 보이지 아니하는 것들 곧 그의 영원하신 능력과 신성이 그가 만드신 만물에 분명히 보여 알려졌나니."

저 멀리 우주와 여기 내 안에 창조주가 만물의 이면에 계신다는 사실을 보여 주는 흔적이 충분하다. 바울은 이 점을 너무도 확신해서, 그럼에도 하나님을 믿지 않는 사람들은 "핑계하지 못할지니라"라고까지 말한다.

하지만 통계적으로 보면 문제가 있다. 통계상 그날 아침 와플하우스에 있던 마흔 명 가운데 열 명 정도는 무신론자나 불가지론자였을 것이다. 만약 그곳이 영국이었다면 열다섯 명 이상이 베이컨과 달걀, 블랙 푸딩, 식용유나 버터에 튀긴 빵(미국인들이 생각하는 영국인들의 전형적인 아침 식사 메뉴)을 앞에 두고서 하나님이 없다고 자신 있게 주장했을 것이다.

세상이 존재한다는 사실과 세상과 우리의 모습으로 볼 때 하나님의 존재를 그토록 분명히 알 수 있다면 왜 지적이고 사려 깊고 박식하고 존경받는 '무신론자'가 그토록 많은 것일까? 그리고 하나님이 계신다고 생각하면서도 때로는 그것을 확신하지 못하는 사람이 그토록 많을까?

다시 말해, 증거가 이리도 강력한데 왜 믿지 못하는 사람이 그토록 많은 것일까?

좋은 질문이다.

나는 아무래도 와플 한 판을 더 해야 할 것 같다.

3

하나님이 진짜 계신다면,
왜 그분을 믿지 못하는 사람이 많은가?

거부
Refusal

그들이 마음에 하나님 두기를 싫어하매.
로마서 1장 28절

이 세상은 뭔가가 잘못되어 있다. 이 말에 이의를 제기하는 사람을 본 적이 없다. 우리는 문을 걸어 잠그고, 아이들에게 위험한 사람들을 조심하라고 가르친다. 사람들은 서로를 불친절하게 대한다. 왜일까?

우리 세상은 왜 이토록 엉망인가? 근본 원인은 무엇인가? 교육의 부재가 문제라고 생각하는가? 계급주의가 문제일까? 구조적 인종차별이 문제일까? 가정의 붕괴가 문제일까? 소수의 악인들이 전체를 썩게 한다고 생각하는가? 그자들을 감옥에 보내면 상황이 해결될까? 종교가 문제라고 생각하는가? 혹은 이 모든 것이 문제일까?

더군다나 가만히 자신을 들여다보면 '내 안에서도' 뭔가가 잘못되어 있다는 사실을 느낀다. 나는 마음속을 스치고 지나가는 생각과 감정에 얼굴이 화끈거릴 때가 한두 번이 아니다. 자신도 모르게 내뱉은 말에 얼굴이 새빨개진 적이 다들 있지 않은가? 짜증을 냈을 때, 다른 사람들에게 건방지게 굴거나 다른 사람들을 부당하게 대했을 때, 저속한 농담을 했을 때, 속에 있는 정욕을 말로 표현했을 때, 그럴 때 우리는 자괴감을 느낀다. 그런데 자신이 한 말이 마음에 걸려 상대방을 찾아가 사과할 때 우리는 뭐라고 하는가? "미안해. 그럴 생각은 없었어. 그땐 제정신이 아니었어."

음…… 하지만 그 순간 우리는 제정신이었다. 우리는 그럴 생각이었다. 그런 모습은 우리에게서 지극히 자연스럽게 튀어 나왔다. 그것이 우리의 진짜 모습이 아니라면 그 모습은 정확히 어디서 나온 것인가?

우리는 자라면서 깊은 속에 있는 것을 걸러 낼 줄 알게 된다. 그래서 보통 때에는 그것이 밖으로 나와서 우리를 창피하게 하지 않는다. 하지만 우리가 뭔가를 '말로' 표현하지 않는다고 해서 그것이 우리 '안에' 있지 않은 것은 아니다. 채에 걸러 내지 않은 우리의 진짜 모습은 대개 그리 아름답지 않다.

혹은 이렇게 생각해 보라. 우리의 생각을 언제든지 읽을 수 있는 사람이 있다면 어떻겠는가? 누군가가 뭐든 우리가 생각하는 것을 화면에 띄워 주는 앱을 개발한다면? 그러면 우리는 얼마나 난처해질까? 최근 나는 새로운 GPS 기능을 탑재한 자동차를 렌트했다. 제한속도를 넘을 때마다 유쾌한(하지만 약간 오싹한 느낌이 드는) 목소리가 차에 탄 모든 사람에게 정확히 제한속도를 알려 주었다. "제한속도 55킬로미터!" 그때마다 판결을 받는 기분이 들고 당혹스러웠다. 그때 그런 작은 목소리가 내 마음속에 있는 나쁜 생각을 지나가는 모든 사람에게 알려 주면 얼마나 곤혹스러울까 하는 생각을 했다. 내가 식당에 앉아서 디저트 메뉴를 보고 있는데 작은 목소리가 말한다. "네 몸무게는 이미 적정 수준을 5킬로그램 초과했어!" 내가 쇼핑몰에서 한 여성 옆을 지나갈 때 작은 목소리가 말한다. "저 여자는 네 아내가 아니야."

요지는 이것이다. 우리는 세상과 다른 사람들만 문제가 있는 것이 아님을 내심 알고 있다. '우리 자신'에게도 문제가 있다.

앤디 스탠리는 우리가 어리석은 선택을 "실수"라고 부르기를 좋아한다는 점을 지적한다. "전 부인과의 결혼 생활에서 적지 않은 '실수'를 저질렀어." "이전 직장에서 '실수'를 좀 했지." 정치인이나 유명인사는 오랜 불륜 생활을 들키면 그것을 으레 잘못된 선택이나 실수 정도로 치부한다.

하지만 과연 실수라는 말이 그 일의 심각성을 제대로 담아내고 있는가? 그들의 배우자는 그렇게 생각하지 않을 것이다. 그들의 자녀도 마찬가지다. 실수는 수학 문제에서 계산을 잘못했을 때나 어울리는 표현이다.

실수가 아닌 다른 단어가 필요하다. 실수는 그 일의 심각성을 다 담아내지 못하고 있기 때문이다. 바울은 이어서 이 문제를 다룬다. 바울은 우리 모두가 앓고 있는 병이 있다고 설명한다. 이 병은 바로 우리 마음의 한복판에 있다. 이 병의 이름은 누구도 듣기 싫어하는 것이지만 듣기 싫어도 들어야 한다.

이 병의 이름은 바로 "죄"다.

바울에 따르면 죄는 하나님을 바라보는 우리의 시각과 그분에 대한 우리의 반응을 왜곡시킨다. 우리 마음속에 있는 이 문제에 관한 바울의 가르침을 보자.

죄란 무엇인가?

죄, '나'를 모든 것의 중심에 놓는 것

1543년 니콜라스 코페르니쿠스는 천문학계를 완전히 뒤집었다. 그전까지 천문학자들은 지구가 우주의 중심이고 다른 모든 것이 지구를 중심으로 돌아간다고 생각했다. 매일 밤낮 태양, 달, 천체들이 우리의 즐거움을 위해 우리 앞을 지나간다고 생각했다. 하지만 코페르니쿠스는 태양계에 관한 놀라운 사실을 발견했다. 다른 모든 행성뿐 아니라 지구도 태양을 중심으로 돌아간다는 것이었다. 우리는 중심이 아니다. 그리고 이 것은 좋은 일이다.

코페르니쿠스 이전의 천문학은 오늘날 인류의 상태를 정확히 보여 주는 비유가 될 수 있다. 우리는 다른 모든 것이 우리를 중심으로 돌아가는 것처럼 살아간다. 우리의 주된 관심사는 우리의 삶 속에 들어오는 것들이 우리에게 어떤 영향을 미치느냐 하는 것이다. 우리의 삶이 영화라면 주인공은 우리 자신이다.

'종교적인' 사람들도 어떻게 하면 하나님을 '자신의' 인생 이야기에 끼워 맞출까 하는 고민을 주로 한다. 우리는 하나님의 임재에서 오는 복들을 얻을 수 있도록 어떻게 하면 그분이 우리 주변을 돌게 할 수 있을까 고민한다. 대부분의 종교적인 사람들이 하는 기도는 이렇게 정리할 수 있다. "하나님, 이것이 필요합니다. 하나님, 제게 이 복을 주시고, 저것은 고쳐 주시고, 그 사람에게는 벌을 내려 주옵소서. 하나님, 이 문제는 아직 해결해 주시지 않았군요. 그래서 하나님께 너무 화가 납니다. 또다시 저를 실망시키시다니요. 아무래도 제 믿음을 거두는 것으로 잠시 벌을 드려야겠습니다."

바울은 인류를 이렇게 기술한다. "하나님을 알되 하나님을 영화롭게도 아니하며 감사하지도 아니하고"(롬 1:21). 우리는 하나님이 중심이 되는 것을 원하지 않는다. 내가 중심이 되고 싶어 한다. 우리는 하나님이 규칙을 정하시는 것을 원하지 않는다. 내가 규칙을 세우고 싶어 한다. 우리는 하나님과 다른 모든 사람들이 우리에게 헌신해 줬으면 한다. 우리는 하나님을 만복의 근원으로 인정하고 싶어 하지 않는다. 자신이 지금의 자리에 오른 것과 자신이 성취한 모든 것에 대해 스스로 공로를 차지하기를 원한다. 우리는 자기 삶에서 하나님의 역할을 무시하고 모든 공로를 스스로 차지하는 우주적 표절자가 되었다. 우리는 자신의 재능, 뇌, 힘, 모든 숨이 자신에게서 비롯한 것처럼 살아간다. 우리는 스스로 최선의 길을 알고, 자신이 바라는 길이 옳은 길이고, 자신의 감정이 가장 중요하다고 생각한다.

성경은 이것을 "죄"라고 부른다. 죄는 행동이라기보다는 태도다. 죄는 하나님을 중심에서 내보내고 우리 스스로 그 자리를 차지하는 것이다.

나는 우리 아이들에게 죄의 철자(S-I-N)만 봐도 죄를 이해할 수 있다는 말을 자주 했다. 내가 '나'를 모든 것의 중심에 놓는 것이 죄다. 이것은 바로 '나'의 문제다.

궁극적으로, 자기 숭배와 자기 의지는 다른 모든 죄를 낳는 원죄였다. 이것은 '내'가 중심에 서려는 욕구다. 바울은 이 욕구가 우리로 하여금 우리를 창조하시고 우리의 절대적인 충성을 받아 마땅하신 하나님에 관한 "진리를 막"게 한다고 말한다(롬 1:18).

우상숭배, 피조물로 창조주를 대체하려는 시도

하나님 대신 스스로 삶의 중심 자리를 꿰찬 뒤 우리는 그분이 창조하신 것들로 그분을 대체한다. 인간의 마음은 뭔가를 중심으로 돌아야 한다. 우리는 뭔가를 위해서 살아야 한다. 우리에게는 궁극적인 가치를 부여할 뭔가가 필요하다. 우리는 하나님이 그 자리를 차지하시도록 기다리지 않고 다른 것들, 창조된 것들로 눈길을 돌렸다(롬 1:25).

"예배"에 해당하는 히브리어 중 하나는 주로 "영광"으로 번역되는 "카보드"다. 문자적으로 이것은 '무게를 부여하다' 즉 중요하게 여긴다는 뜻이다. 뭔가를 예배하는 것은 그것에 가장 큰 무게를 부여하는 것이다. 당신의 삶에서는 무엇이 가장 큰 무게를 지니는가?

스스로에게 물어보라.

* 지금 당장 삶에 단 한 가지를 얻을 수 있다면 무엇을 얻고 싶은가? 무엇이 내게 그만큼 중요한가?
* 뭔가를 얻기 위해 큰 희생을 감수할 수 있는가?(희생과 예배는 언제나 짝을 이룬다)
* 무엇을 얻지 못할까 봐 가장 걱정하는가? 혹은 어떤 권리를 잃을까 봐 가장 걱정하는가?

이런 질문을 던질 때 머릿속에 떠오르는 것들이 우리 마음속에서 가장 큰 카보드를 차지하는 것들이다. 우리는 이것들에 '영광'을 부여한다. 어떤 면에서 우리는 이것들을 예배한다. 우리는 이것들 없는 좋은 삶은 상상하지 못한다. 무슨 대가를 치르더라도 이것들을 가져야만 한다. 성경은 이런 것을 우리의 "우상"이라고 부른다.

이것은 사람들에게 받는 인정일 수 있다. 가족의 사랑일 수도 있다. 사회생활에서의 성공일 수도 있다. 두둑한 은행 잔고일 수도 있다. 짜릿한 연애일 수도 있다. 권력이나 위안, 통제력일 수도 있다. 우상은 그 자체로 나쁜 것이 아니라, 우리가 마음속에서 그것에 부여하는 무게로 인해 나빠지는 것이다. 우상이 그 자체로 나쁜 경우는 별로 없다. 대개 우상은 '좋은 것'이다. 하지만 우리가 그것을 '하나님'으로 여기면 '나쁜 것'이 된다.

예전부터 내 우상 중 하나는 사람들에게 인정받는 것이었다. 고교 시절 나는 친구들이 입으라는 옷만 입고, 친구들이 듣고 싶어 하는 말을 하고, 친구들이 좋아할 만한 행동을 했다. 지금은 그 시절 내내 내가 나를 좋아하지도 않는 이들의 눈에 들려고 애썼다는 점을 분명히 안다! 하지만 지금도 나는 여전히 다른 사람들의 칭찬에 목을 매고 그들의 비판에 한없이 무너질 때가 많다.

인간의 예배하는 성향은 단순히 설교자들과 신학자들만 지적하는 것이 아니다. 무신론자였던 저명한 포스트모던 소설가 데이비드 포스터 월리스는 오래전 케니언대학교(Kenyon University) 졸업식 강연에서 이렇게 연설했다.

> 우리가 살아가는 매일의 삶의 참호 속에 사실상
> 무신론이라는 것은 없습니다. 예배하지 않는 사람은
> 없습니다. 모두가 예배를 합니다. 우리가 할 수 있는
> 유일한 선택은 무엇을 예배할지입니다.[1]

독신으로 산다고 해서 성욕이 사라지지 않는 것처럼, '종교'를 가지지 않는다고 해서 예배의 욕구가 사라지지는 않는다. 문제는 우리가 예배를 하느냐 안 하느냐가 아니라 '무엇을' 예배하느냐다.

이번에는 유대인 불가지론자 어니스트 베커가 자신의 책인 퓰리처 수상작 《죽음의 부정》(*The Denial of Death*)에 쓴 글을 보라.

> 현대인은 불가능한 상황 속으로 서서히 들어갔다. 더 이상
> 신을 믿지 않는 그는 어떻게 해야 했을까?〔어떻게 의미를

찾을까? 자신이 중요하다는 사실을 어떻게 알 수 있을까?) 그가 처음 생각해 낸 방법 중 하나는 …… '연애의 해법'이었다. …… 애인이 삶을 완성하기 위한 신적인 이상이 된다. …… 한때 다른 차원을 지칭했던 영성이 이제 이 땅으로 내려와 다른 인간 속에서 형체를 얻는다. …… 우리는 남녀 간 사랑의 대상이 신격화되기 쉽다는 사실을 잘 잊어버린다. 그래서 대중가요들은 끊임없이 우리에게 이 사실을 상기시킨다. …… 한마디로, 사랑의 대상이 곧 신이다.[2]

베커는 1973년에 이 글을 썼다. 하지만 오늘날의 노래들도 같은 말을 하고 있다. "당신은 내 삶의 의미요, 영감이에요. 당신은 나를 살아나게 해요", "당신은 내 잃어버린 퍼즐 조각이죠. 당신으로 인해 나는 완벽해져요", "당신과 내가 하나가 아니라면 죽는 편이 나아요"(밴드 시카고, 케이티 페리, 레이디 가가가 부른 노래 가사들).

바울에 따르면, 모든 인간의 공통점은 이것이다. 우리 모두는 하나님 대신 예배할 뭔가를 선택했다.

하나님 없는 삶, 하나님 없는 세상

우리의 우상숭배를 보시는 하나님은 어떻게 반응하실까? 성경의 답은 뜻밖이다. 하나님은 일단 "마음대로 해라"라고 말씀하신다. 바울은 하나님이 우리가 우상을 숭배하도록 "내버려 두"셨다고 표현한다(롬 1:24, 26, 28). 사실상 하나님은 우리에게 이렇게 말씀하셨다. "나 없는 세상을 원한다면 그런 세상을 맛보게 해 주마."

이것이 우리가 요구한 것이다. 하지만 그에 따른 결과는 우리가 기대한 것이 전혀 아니었다. 하나님을 거부하자 우리의 세상은 혼돈에 빠졌다. 오직 하나님만이 무한한 선과 영광을 가지시기에 우리 삶은 그분을 중심에 모실 때만 제대로 돌아간다.

잠시 코페르니쿠스 이야기로 돌아가 보자. 천문학자들은 태양이 우리 태양계의 중심에 있는 것이 좋은 일이라고 말한다. 그렇지 않다면 태양계가 '존재하지' 않을 것이다. 태양은 태양계에서 다른 모든 것을 궤도 안에 붙잡아 둘 만한 중력을 지닌 유일한 천체다. 지구가 중심 자리를 차지하기로 결심한다고 상상해 보라. 그러면 지구는 모든 관심을 독차지할 수 있다. 문제는 지구가 태양 크기의 4만 분의 1밖에 되지 않는다는 것이다. 지구는 모든 것을 제자리에 붙잡아 둘 만한 중력을 지니고 있지 않다. 태양이 중심에서 밀려난 것에 화가 나더라도 지구를 벌하기 위해 핵 폭풍을 발할 필요도 없다. 그냥 놔두기만 하면 된다. 그러면 모든 것이 와해된다. 태양은 아무렇지도 않지만 지구상의 생명체는 모두 죽는다.

우리가 하나님께 "주 뜻대로 하옵소서"라고 말하기를 거부하자 하나님은 "그래, 네 뜻대로 해라"라고 말씀하셨다. 그때부터 모든 것이 무너져 내리기 시작했다. 이것이 바울의 다음 말의 의미다. "하나님의 진노가 불의로 진리를 막는 사람들의 모든 경건하지 않음과 불의에 대하여 하늘로부터 나타나나니"(롬 1:18).

지금 우리는 하나님 없는 세상을 맛보고 있다. 이것은 우리 모두가 인정하는 현실이다. 우리의 세상은 뭔가 단단히 잘못되어 있다. 영국의 철학자 G. K. 체스터턴의 말처럼, 인간의 죄의 깊이는 경험적으로 검증 가능한 기독교 교리다. 더도 말고 주변을 둘러보라.

사실, 주변을 둘러볼 필요도 없다. 그냥 자기 안을 들여다보기만 해도 알 수 있다. 하나님을 중심에서 끌어낸 덕분에 우리는 머리끝에서 발끝까지 부패했다. 바울은 우상숭배가 우리를 어떻게 타락시켰는지 구체적인 목록을 읊는다. 탐욕, 악의, 시기, 살인, 분쟁, 성적 타락, 사기, 수군거림, 비방, 자랑, 부모에 대한 거역, 배약(背約), 무정, 무자비(롬 1:26-31). 여기서 끝이 아니다. 이것은 샘플일 뿐이다. 이 목록에는 영적 문제, 관계 문제, 경제 문제, 가정 문제, 성 문제, 이외에도 생각할 수 있는 모든 종류의 문제가 포함된다. 사람마다 정도는 다 다르지만 자신을 중심에 놓기로 한 결정은 우리 모두를 타락시켰다. 이 타락은 사람마다 다른 모습으로 나타날 수 있지만 근본 질병은 똑같다.

궁극적으로 이 모든 문제는 예배의 문제로 거슬러 올라간다. 이것도 역시 데이비드 포스터 윌리스가 케니언대학교 졸업 강연에서 지적한 문제다.

> 여러분이 예배하는 것이 여러분을 산 채로 잡아먹을 겁니다. 돈과 물질을 예배하면, 그런 것에서 삶의 진정한 의미를 얻는다면, 절대 만족할 수 없을 겁니다. 이것은 사실입니다. 육체와 아름다움, 성적 매력을 예배하면 항상 자신이 못생겼다고 느낄 겁니다. 시간과 세월의 흔적이 외양에 나타나기 시작하면 결국 죽기 전에 수만 번의 죽음을 경험하게 될 겁니다.

이것이 인생을 부조리하게 만드는 것이다. 이것은 비극이며, 우리는 피해자다. 하지만 동시에 우리는 가해자이기도 하다. 우리가 이것을 선택했기 때문이다. 이런 것을 예배하기로 선택한 탓에 우리는 창조된 본모습과 다른 모습으로 변질되었다. 그것은 우리가 진정으로 원하는 모습이 아니었다.

나쁜 소식에 관한 좋은 소식

우리는 하나님 없는 세상을 요구했고, 하나님은 우리가 원한 것을 주셨다. 하나님에게서 멀어져 가는 길의 궁극적인 끝에는 지옥이 있다. 지옥은 하나님이 완전히 없는 곳이다. 그곳은 그분의 아름다움, 그분의 선물, 그분과 함께 따라오는 희망, 의미, 기쁨이 전혀 없는 곳이다.

바울은 "진노의 날 곧 하나님의 의로우신 심판이 나타나는 그날"에 관해 이야기한다(롬 2:5). 그것은 곧 '지옥'이다. 지옥을 진노의 하나님이 죄를 벌하시는 곳으로만 생각하기 쉽다. 하지만 로마서 1장을 보면 지옥의 문은 먼저 안에서 잠겨 있다. 지옥은 "하나님 뜻이 아닌 내 뜻대로 하게 해 주옵소서!"라는 우리의 원초적 요구에 따라 하나님이 주시는 것이다. 우리의 삶이라는 '지구'가 하나님의 임재라는 '태양'에 반역했기 때문에, 우리는 하나님의 중력에서 벗어나 어둠과 공허의 큰 심연 속으로 빨려 들어가고 있다. 그 심연은 빛도 탈출구도 없는 곳이다. 그곳으로 끌려가는 내내 우리는 이렇게 외치고 있다. "이제 내가 주인이다! 이제 내가 내 삶의 중심에 있다! 내가 내 운명의 주인이다! 내가 내 영혼의 선장이다!" 그러면서도 한편으로는 왜 이토록 춥고 불행하게 느껴지는지 의아하게 여긴다. 그리고 안타깝게도 상황은 점점 더 나빠진다. 우리의 추락은 결국 지옥의 검은 구멍에 이른다.

이것은 전혀 좋은 소식처럼 들리지 않는다. 하지만 이것이 우리가 삶이라고 부르는 이 신비의 아름다움과 비극에 대한 가장 정확한 설명이다. 우리는 선한 하나님께 그분의 선한 선물을 누리도록 지음받았지만 그분에게서 멀어져 가고 있다. 그런데 이 상황에서 좋은 소식이 나온다.

알베르 카뮈는 신 없는 우주에서 삶의 부조리에 대해 우리는 "소망 없이 그저 죽음에 대한 의식적인 확신"을 받아들일 수밖에 없다고 말했다. 하지만 바울에 따르면, 이 우주는 신 없는 우주가 아니다. 그리고 이는 우리의 죄와 하나님의 심판에 희망으로 반응할 수 있다는 뜻이다. 그것은 바로 복음의 메시지 때문이다. 하나님은 은혜 가운데 우리를 구원하기 위해 그분의 아들 예수 그리스도를 보내셨다. 덕분에 우리는 그분과의 삶을 누릴 수 있다.

심판을 통해 하나님은 우리가 요구하는 것을 주신다. 하지만 복음 안에서 하나님은 우리가 누려야 하는 것, 우리가 깊은 곳에서 진정으로 갈망하는 것을 주신다. 우리를 지으신 하나님이 우리를 구원하기 위해 오셨다. 피조세계는 하나님의 권능을 가리킨다. 우리의 양심은 하나님의 정의를 증언한다. 이제 복음은 우리에게 하나님의 사랑을 증명해 보인다.

'마음'의 문제

지금 나는 여전히 와플하우스에 앉아 있다. 아까 그 자리에서 나는 그들에게 다음 내용을 말했어야 했다(안타깝게도 거의 두 장이 다 지나갔고, 내 해시 브라운은 어느새 차갑게 식어 있다).

하나님의 존재를 보여 주는 증거가 많지만, 우리는 하나님 없는 세상과 삶을 원하기 때문에 그 증거를 억누르고 있다.

이는 우리가 "하나님이 있기는 한가?"라는 질문에 머리보다는 가슴으로 답할 때가 더 많다는 뜻이다. 문제는 증거가 없는 것이 아니다. 단지 우리 마음이 그것을 보기를 원치 않을 뿐이다. 20세기 포스트모더니즘의 선구자로 불리는 철학자 윌리

엄 제임스는 우리가 무엇을 믿을지 결정할 때 증거보다 더 중요한 것은 (그의 가장 유명한 강의 제목처럼) "믿을 의지"라고 말했다. 제임스는 우리가 무엇을 믿을지는 증거 자체보다 우리가 무엇을 믿고 싶어 하는지에 따라 결정된다고 주장한다. 포스트모던 철학은 이 위대한 발견에 대해 자화자찬한다. 물론 이것은 위대한 발견이다. 하지만 그것은 바울이 이미 2천 년 전에 지적한 사실이다.

하나님을 알되 하나님을 영화롭게도 아니하며 감사하지도 아니하고 오히려 그 생각이 허망하여지며 미련한 마음이 어두워졌나니(롬 1:21).

다시 말해, 우리의 머리는 가슴의 통제를 받는다. 우리가 하나님에 관한 진리를 알아낼 수 '없는' 것이 아니다. 우리는 단지 그 진리를 알고 '싶지 않아서' 그것을 알아내고 '싶지 않을' 뿐이다. 문제는 증거가 아니라, 그 증거를 고려하는 우리 마음에 있다.

바울에 따르면, 하나님의 존재를 '부정'하는 것은 혼란에 빠진 머리의 잘못된 결론이 아니라, 하나님께 저항하는 마음의 무의식적인 욕구에서 비롯한 것이다.

하지만 부정이 유일한 열매는 아니다. 하나님의 존재를 인정하지만 그분을 우리의 악한 마음에 맞는 이미지들로 '왜곡'시키는 이들이 있다. 이것이 세상의 다양한 종교에 대한 바울의 설명이다. 우리는 진짜 하나님에게서 영광을 취해 우리가 선호하는 새로운 모양의 신들에게 부여했다.

나아가, 우리는 '불순종'을 통해 하나님의 영광에 저항하는 태도를 표출한다. 우리는 하나님이 무엇을 원하시는지 알면서도 자신이 원하는 대로 행한다.

부정과 왜곡과 불순종은 하나님의 능력과 영광과 권위에 저항하는 마음에 맺히는 나쁜 열매들이다.

그렇다면 세상만이 아니라 우리 안에도 뭔가가 잘못되어 있다는 사실을 깨달으면 우리는 무엇을 하게 될까? 바울의 답은 당신의 예상 밖일지 모르겠다. 그는 가장 흔한 반응이 종교에 의지하는 것이라고 대답한다. 문제는 종교가 문제를 진정으로 해결할 수 없다는 것이다. 오히려 종교는 문제를 악화시킨다.

4

종교가 답일까?

종교 *Religion*

네가 핑계하지 못할 것은
남을 …… 판단하는 네가 같은 일을 행함이니라.
로마서 2장 1절

21세기 기독교 철학자 프랜시스 쉐퍼는 이런 질문을 받은 적이 있다. "현대인과 기독교에 관해 한 시간 동안 이야기한다면 무슨 말을 하겠습니까?"

쉐퍼는 사람들이 '(그분께) 잃어버린 존재(양)'라는 사실을 깨닫게 만드는 데 처음 50분을 사용할 것이라고 대답했다. 그것을 깨닫지 못하는 것이 대부분의 현대인들이 그리스도를 불필요하게 여기는 이유이기 때문이다.

우리로 하여금 그것을 깨닫게 만드는 것이 바울이 로마서의 처음 세 장에서 목표로 삼은 것이다. 바울은 우리가 그분께 '잃어버린 존재'라는 사실, 죄가 일으킨 피해를 복구하기 위해 우리가 할 수 있는 것은 말 그대로 하나도 없다는 사실을 가슴 깊이 '느끼게' 하고자 한다. 그래야 우리가 하나님이 제시하시는 구원을 받아들일 수 있기 때문이다. 바울은 문제가 너무 심각해서 하나님만 그것을 해결하실 수 있다는 사실을 우리가 이해하기를 원한다.

그래서 그는 우리가 어떤 식으로 하나님에 관한 진리를 억누르는지 보여 준 뒤, 가장 흔한 반응을 다룬다. 그 반응은 이것이다. "음, 하나님이 내 마음을 탐탁지 않게 여기신다면 종교적인 방법을 쓰는 것이 좋겠어." 바울은 이 방법이 통하지 않는 이유를 보여 주는 것에 로마서 두 장을 통째로 할애한다.

분명히 말하지만 종교는 도움이 되지 않는다. 이유는 간단하다. 종교는 죄가 우리 마음속에 풀어놓은 죽음의 저주를 풀 힘이 전혀 없기 때문이다.

혼란스럽게 들릴 줄 안다. 나는 교회의 리더요, 내 일은 '종교적인' 일이다. 나는 교회를 운영한다. 그런 내가 여기서 종교가 위험하다고 말하고 있다.

그것은 하나님에 대한 종교적인 접근법과 복음의 접근법 사이에 중요한 차이가 있기 때문이다. '교회교'와 '기독교'(그리스도교)의 차이라고 말할 수도 있겠다. 종교는 복음의 최대 경쟁자다. 종교는 우리가 하나님과의 화해 대신 선택하는 가장 흔한 대체물이다.

복음을 제외한 세상의 모든 종교는 한 가지 전제에 따라 작동한다. 그것은 내가 순종하면 받아들여진다는 것이다. 내가 충분히 그리고 자주 순종하면 신(혹은 신들이나 우주 같은 것들)의 복을 얻게 된다. 복음은 이 전제를 완전히 뒤엎는다. "너는 이미 받아들여졌다. 그러니 순종하라."

바울은 종교적인 환경에서 자랐다. 그는 자신이 누구보다 종교적인 유대인이라고 주장했으며 그것을 증명할 증거도 충분히 가지고 있었다. 그러다 그는 예수님을 발견했다. 아니, 예수님이 그를 발견하셨다. 그리하여 그는 한때 그토록 자랑스러

위했던 모든 종교적 활동을 "배설물"로 여기게 되었다(빌 3:4-9). 이제 로마서의 이 부분에서 그는 자신처럼 종교적인 환경에서 자란 이들을 향해 말하고 있다.

구체적으로 어떤 종교를 따르는지는 중요하지 않다. 바울이 로마서의 이 부분에서 종교에 관해 말하는 것은 계명 준수를 가장 우선시하는 유대인, 교회에 다니는 기독교인, 코란을 믿는 이슬람교도, 심지어 온실가스 억제를 외치는 보수주의자에게까지 두루 적용된다. 두 장에 걸쳐 바울은 이렇게 토로한다. "종교를 조심하라. 종교는 문제를 고칠 수 없고 오히려 문제를 악화시킬 뿐이다."

바울이 말하는 종교의 문제점은 다섯 가지다.

문제 1. 아무도 기준을 충족시킬 수 없다
(기준 충족에 근접할 수조차 없다)

바울은 종교적인 무리를 똑바로 쳐다보면서 말한다. "여러분이 남들에게 요구하는 기준을 스스로 지키고 있는 척하지 마십시오"(롬 2:1).

도덕적으로 선한 사람에 관한 하나님의 기준은 십계명에 나타나 있다. 심지어 하나님을 믿지 않는 사람들도 이 율법이 최소한 좋은 도덕적 가이드라인은 될 수 있다고 인정한다. 자, 이제 퀴즈를 내 보겠다. 이런 율법을 지키는 것이 당신에게는 얼마나 자연스러운가?

다음과 같은 율법을 항상 지킨다고 생각하면 박스에 체크를 하고, 그렇지 않다고 생각하면 X를 표시하라. 편하게 해 보라.

1. "너는 나 외에는 다른 신들을 네게 두지 말라."

"내게는 하나님과의 관계보다 더 중요한 것은 없다. 나는 그 무엇도 하나님보다 더 사랑하거나 믿거나 따른 적이 없다. 나는 하나님을 기쁘시게 하는 것보다 다른 사람을 기쁘게 하는 것에 더 신경을 쓴 적이 없다. 심지어 하나님보다 나 자신을 더 위한 적도 없다." 이렇게 말할 수 있는가? 그렇다면 박스에 체크하라. ❑

2. "너를 위하여 새긴 우상을 만들지 말라."

"나는 내가 원하는 하나님을 상상해 본 적이 없다. 혹은 내 편견에 따라 하나님을 왜곡시킨 적이 없다. 나는 성경에서 말하는 하나님의 모습을 항상 완벽하고도 자연스럽게 받아들였다." 이렇게 말할 수 있는가? 그렇다면 박스에 체크하라. ❑

3. "너는 네 하나님 여호와의 이름을 망령되게 부르지 말라."

"나는 하나님의 이름을 부적절하게 들먹거린 적이 없다. 나는 늘 가장 큰 경외심을 담아 하나님에 관해 말했다. 예배 시간에 멍하니 있은 적이 없다. 하나님의 이름과 관련된 것은 무엇이든 최고의 존경심으로 다루었다. 스스로를 그분의 제자로 부르면서 전혀 제자답게 행동하지 못함으로써 그분의 평판을 떨어뜨린 적이 없다." 이렇게 말할 수 있는가? 그렇다면 박스에 체크하라. ☐

4. "안식일을 기억하여 거룩하게 지키라."

"매주 나는 일을 멈추고 하나님께 집중하고 그분을 온전히 믿고 즐기는 시간을 늘 따로 떼어 두었다. 나는 언제나 내 시간과 가장 소중히 아끼는 것들 중 첫 번째 것과 가장 좋은 것을 하나님께 드렸다. 나는 언제나 내게 필요한 것들의 채워짐과 인생의 성공이 내게 달려 있지 않다는 사실을 아는 데서 오는 자유함 속에서 살았다." 이렇게 말할 수 있는가? 그렇다면 박스에 체크하라. ☐

5. "네 부모를 공경하라."

사실상 이 계명은 하나님이 우리 삶 속에 두신 모든 권위에 대한 순종을 의미한다. 가장 먼저, 부모에게 순종해야 한다. 나중에는 교사, 정부, 경찰, 직장 상사를 비롯해 우리 삶 속의 합당한 권위자들에게 순종해야 한다. 그래서 이렇게 말할 수 있는가? "나는 항상 내 삶 속의 권위자들을 존경하고 그들에게 순종했다. 그들이 보든 안 보든 상관없이 그들에게 존경심을 보이고 마음에서 우러나온 순종으로 행동했다. 권위자를 폄하하는 말을 한 적이 없고, 권위에 기꺼이 순종했다." 이렇게 말할 수 있는가? 그렇다면 박스에 체크하라.　❏

6. "살인하지 말라."

혹시 이렇게 생각하고 있는가? "바로 이 계명을 기다렸다. 이 계명에 대해서만큼은 완벽히 자신 있다." 속단하지 말라. 예수님은 다른 사람을 향한 미움의 태도가 하나님의 눈에는 살인만큼 악한 죄라고 말씀하셨다(마 5:21-22). 이는 이 시험에 통과하기 위해서는 이렇게 말할 수 있어야 한다는 뜻이다. "나는 아무도 죽인 적이 없을 뿐 아니라, 아무도 해를 입기를 바란 적이 없다. 다른 사람들, 심지어 내 적들이 불행이나 고통을 겪는 것을 보고 즐거워해 본 적이 없다." 이렇게 말할 수 있는가? 그렇다면 박스에 체크하라.　❏

7. "간음하지 말라."

이 계명에 대해서도 앞과 똑같은 규칙이 적용된다. 이것은 행동만의 문제가 아니라 행동에 선행하는 생각의 문제다(마 5:27-28). 이렇게 말할 수 있는가? "배우자 외에는 누구와도 잠자리를 한 적이 없다. 그뿐만 아니라 배우자 외에 누구와도 잠자리를 하는 상상조차 해 본 적이 없다." 이번에는 내가 대신해서 X를 표시해 주겠다.

8. "도둑질하지 말라."

"내 것이 아닌 것을 취한 적이 없다. 심지어 학교에서 친구의 시험지 답안을 베낀 적도 없다. 나 혼자서 하지 않은 일에 대해 공을 독차지한 적도 없다. 인터넷에서 음악을 불법으로 다운로드한 적도 없다. 항상 다른 사람들의 재산, 권리, 작품을 존중했고, 오직 내가 스스로 얻은 것만 취했다. 회사에서는 내가 받은 급여만큼 일했다고 자신할 수 있다. 근무시간에 인터넷 서핑이나 인스타그램, 트위터를 해 본 적이 없다." 이렇게 말할 수 있는가? 그렇다면 박스에 체크하라.

9. "네 이웃에 대하여 거짓 증거하지 말라."

이렇게 말할 수 있는가? "나는 곤혹스러운 상황을 모면하고자 진실을 왜곡한 적이 없다. 나를 더 좋게 보이기 위해 진실을 과장한 적이 없다. 다른 사람을 모함한 적이 없다. 약속을 하면 무조건 지켰다." 이번에도 내가 대신해서 X를 표시해 주겠다.

10. "네 이웃의 소유를 탐내지 말라."

탐욕은 자신이 가진 것에 만족하지 않거나 남이 가진 것을 지나치게 강렬하게 원하는 것을 의미한다. 이렇게 말할 수 있는가? "나는 내 것이 아닌 것에 욕심을 부린 적이 한 번도 없다. 다른 사람의 능력이나 외모, 지위, 재물을 질투해 본 적이 없다. 다른 사람이 가진 것을 늘 함께 기뻐해 주었다. 심지어 내가 그것을 갖지 못하고 몹시 원할 때도 그렇게 했다. 나아가, 하나님이 내게 주신 것을 놓고 불평해 본 적이 한 번도 없다. 내가 가진 것과 지금 있는 자리에 늘 감사하고 온전히 만족했다." 이렇게 말할 수 있는가? 그렇다면 박스에 체크하라. ☐

점수가 어떻게 나왔는가?

필시 빵점이 나왔을 것이다. 나도 빵점이었다.

뉴스 속보! 어떤 교육 과정에서든 유일한 시험에서 빵점을 맞으면 그 과정을 통과할 수 없다.

당신이 십계명을 '지켜야 할 도덕적 규칙'으로 받아들이지 않는다고 해 보자. 그렇다면 당신이 직접 채택한 도덕적 규칙을 스스로 얼마나 잘 지키는지 돌아보라. 그 옳은 행동을 얼마나 꾸준히, 얼마나 본능적으로 행하는가?

프랜시스 쉐퍼는 우리가 "~해야만 한다"라는 말을 할 때마다 켜져서 녹음이 되는 작은 녹음기를 목에 걸고 산다는 상상을 했다. "그는 ~해야만 한다. 그녀는 ~해야만 한다. 그들은 ~해야만 한다. 나는 ~해야만 한다. ……" 그는 우리가 심판의 날 하나님 앞에 서서 그런 기준에 따라 심판을 받는 상상을 하면서 이렇게 물었다. 과연 우리 가운데 "~해야만 한다"라는 행동의 기준을 통과할 사람이 한 명이라도 있을까?

내가 볼 때 답은 100퍼센트 '없다'이다.

자, 모든 종교의 첫 번째 문제점은 아무도 그 이상(理想)을 따라갈 수 없다는 것이다.

문제 2. 동기가 중요하다

우리는 그릇된 동기로 하는 행동을 좋아하지 않는다. 하나님도 마찬가지시다. 내가 아내에게 크리스마스나 밸런타인데이 선물, 생일 선물, 혹은 매일 아침 침대로 커피를 대령하는 것

같은 섬김을 죄책감에서 한다면? 이를테면 다른 누군가를 사랑한다는 사실에 대한 양심의 가책으로 아내를 섬긴다면? 과연 그것을 아내가 기뻐할까? 물론 아니다. 하나님이 원하시는 것은 행동만이 아니다. 하나님은 우리의 마음을 원하신다. 바울은 우리의 노력이 하나님 보시기에 선하려면, 우리 자신의 영광과 기쁨이 아닌 그분의 영광과 기쁨을 위해 해야 한다고 말한다(롬 2:6-7).

내가 어릴 적 할아버지는 돼지를 키우셨다. 할아버지는 먹다 남은 음식 찌꺼기로 돼지죽을 끓여, 그것을 들고 가끔 돼지우리로 나를 데려가셨다. 돼지죽은 상상할 수 없을 만큼 지저분했다. 그냥 썩은 음식이라고 보면 된다. 악취가 코를 찔렀다. 하지만 돼지들은 그 음식을 '사랑했다.' 돼지죽을 주면 돼지들은 인생의 마지막 특식이라도 되는 것처럼 게걸스럽게 먹었다. 녀석들이 돼지죽을 못 먹게 하려면 억지로 떼어 놓아야 한다. 하지만 할아버지가 나를 돼지죽에서 억지로 떼어 놓을 필요는 전혀 없었다. 할아버지가 내게 "얘야, 이걸 먹으면 혼난다!"라고 말한 적이 한 번도 없었다. 나는 하루 종일 돼지죽 앞에 앉아 있어도 할아버지가 보든 안 보든 상관없이 그 죽을 건드리지도 않았다. 규칙이나 위협 같은 건 필요하지 않았다. 돼지죽을 먹지 않으면 상을 주겠다고 내게 말할 필요도 없었다.

하나님은 형벌이 두려울 때만 죄의 돼지죽에서 멀찍이 떨어져 있는 영적 돼지들을 원하시지 않는다. 하나님은 그분과 같은 마음인 하늘의 아들딸을 원하신다. 죄지을 기회가 있어도 죄를 선택하지 않는 사람을 원하신다.

나아가, 복을 얻거나 형벌을 피하기 위해서만 행하는 선행은 본질적으로 자기 유익을 추구하는 것이다. 바울은 이런 종류의 선행을 하나님이 선하게 여기시지 않는다고 말한다(롬 2:6-7). 19세기 설교자 C. H. 스펄전은 옛 영국의 왕과 농부 이야기로 이 점을 설명했다. 하루는 농부가 왕이 한 번도 본 적 없는 거대한 당근을 들고 왕궁에 찾아왔다. 농부는 왕에게 이렇게 말했다. "폐하, 이 거대한 당근을 수확했을 때 폐하를 위한 당근이라고 생각했습니다. 그래서 선물로 가져왔습니다. 받아 주십시오." 왕은 매우 흡족해서 말했다. "네 밭 근처에 내 땅이 있다. 네가 더 많은 당근을 기를 수 있도록 30만 평의 땅을 네게 하사하겠노라."

왕의 신하 중 한 명이 이 말을 듣고서 생각했다. '와! 왕이 겨우 당근 하나에 30만 평의 땅을 하사한다면, 진짜 선물에는 어떻게 나올지 상상만 해도 엄청나구나.' 그날 밤 귀족은 밖으로 나가 영국 전역에서 가장 좋은 말 한 필을 사 왔다. 이튿날 그는 그 말을 왕 앞으로 데려갔다. "오, 왕이시여, 이 멋진 말을 보고서 오직 폐하를 위한 말이라는 생각이 들었습니다. 이 선물을 받아 주십시오."

지혜롭고 날카로운 통치자였던 왕은 그 귀족의 술책을 꿰뚫어보았다. 왕은 그에게 고마워한 뒤 다른 말은 하지 않았다. 귀족의 혼란스러운 표정을 본 왕은 이렇게 말했다. "어제 농부는 내게 당근을 주었고, 오늘 공은 스스로에게 말을 주었노라."

이기적인 동기로 행하는 선행은 사실상 선행이 아니다. 그것은 자신을 사랑하기 위한 행동일 뿐이다. 우리의 행동이 하나님 보시기에 선하려면, 옳은 이유(하나님의 영광)와 옳은 동기(선행이 주는 진정한 기쁨)에서 비롯해야 한다. 선행을 종교적으로 (하나님 눈에 들기 위해) 행하면, 그것은 하나님이 아닌 자신에게 주는 선물일 뿐이다.

문제 3. 종교는 죄의 근본 원인을 다루지 못한다

바울이 설명한 죄의 핵심(롬 1:25)은 우리 사랑의 중심 자리에서 하나님을 내보내고 스스로 그 자리를 차지하는 것이다. 예수님은 모든 계명의 핵심을 이렇게 정리하셨다. "네 마음을 다하고 목숨을 다하고 뜻을 다하고 힘을 다하여 주 너의 하나님을 사랑하라 하신 것이요 둘째는 이것이니 네 이웃을 네 자신과 같이 사랑하라"(막 12:30-31). 이 계명을 지키지 않으면 아무리 다른 모든 계명을 지킨다 해도 그 삶은 진정으로 '선한' 것이라 말할 수 없다. 종교적 규칙을 아무리 열심히 지켜도 하나님과 다른 사람들을 사랑하게 될 수 없다. 우리가 하나님을 사랑하지 않은 것을 종교적 규칙으로 벌충할 수도 없다.

이렇게 생각해 보라. 당신이 호텔에서 한 남자를 만난다고 상상해 보라. 그는 모두에게 친절하고 종업원에게 팁을 두둑이 준다. 그는 모든 사람에게 예의 있게 군다. 그런데 알고보니 그는 불륜 상대를 만나기 위해 그 호텔에 온 것이다. 그가 아내와 가족에게 하는 짓을 생각하면 그의 후한 베풂이나 예의 바른 행동을 '선한' 것이라 말하기 힘들다. 더 큰 배경이 전체의 색깔을 정한다. 우리도 마찬가지다. 하나님에 대한 반역이라는 더 큰 배경에서 보면 우리의 선행은 전혀 선하지 않다.

문제 4. 종교는 우상들을 섬긴다

종교는 우리의 핵심적인 문제인 반역을 다루지 못할 뿐 아니라, 오히려 우리가 하나님 대신 섬기는 우상들의 시녀 역할을 한다. 우리는 우리가 원하는 권력, 존경, 인정, 부를 얻으려 종교를 남용한다. 이런 것들은 그 자체로는 아무런 문제가 없다. 다만 이런 것을 얻기 위해 종교를 이용할 때, 사실상 우리가 추구하는 것은 하나님이 아니라 이것들이다.

대학에서 나는 졸업을 하기 위해 선택과목으로 연극 수업을 들어야 했다. 나는 스포츠를 좋아했고, 연극 같은 것에는 별로 관심이 없었다. 그래도 좋은 성적을 받기 위해 연극 수업을 나름 열심히 들었다. 성적이 좋아야 좋은 직장에 들어가 좋은 연봉을 받을 테니 말이다. 연극을 사랑해서가 아니라 연극 수업을 잘 들음으로써 얻을 수 있는 것들을 사랑해서 열심히 수업을 들은 것이다. 25년이 지난 지금 나는 직장도 있고 급여도 받는다. 그런데 요즘 우리 부부는 취미 생활로 극장에 간다(이런 변화는 전적으로 아내 덕분이다). 열심히 번 돈의 상당 부분을 연극 표를 사는 데 쓰는 것이다. 대학 시절에 내게 연극은 학점이라는 목적을 위한 수단이었다. 나는 훗날 돈을 벌기 위한 수단으로 연극을 공부했다. 하지만 지금은 연극을 즐기기 위해 돈을 사용한다. 한때 수단이었던 것이 이제는 목적이 되었다. 한때 유용했던 것이 아름다운 것이 되었다.

종교적인 사람들에게 하나님은 아름다운 대상이 아니라 유용한 도구다. 뭔가가 아름다우면 그 자체를 즐기기 위해 그것을 찾는다. 뭔가가 유용하면 정말로 원하는 다른 뭔가를 얻기 위해 그것을 찾는다.

바울은 종교적인 독자들이 자기 마음을 진단할 수 있게 돕기 위해 금방은 이해하기 힘든 질문을 던진다. "네가 신전 물건을 도둑질하느냐"(롬 2:22). 이는 이 극도로 종교적인 유대인들이 성전에 난입해서 보물을 훔치고 있다는 뜻이 아니다. 바울의 요지는 이것이다. "사람들이 성전에 가서 조각상 앞에 절하는 이유는 자신에게 필요한 번영 같은 것을 그 조각상이 줄 거라고 생각하기 때문이다. 그런 이유로 성전에 가서 하나님을 예배한다면, 그것은 사실상 그분을 추구하는 것이 아니라 번영을 얻기 위해 그분을 이용하는 것이다. 이는 하나님의 것을 훔치려는 시도다. 하나님에게서 자신이 정말 원하는 것을 얻어 내기 위해 그분께 예배를 제시하는 것이다."

자신을 돌아보라. 하나님이 당신의 종교적인 순종에 복을 주시지 않을 때 화를 내는가? 하늘을 향해 고함을 치며 따지는가? "하나님, 저는 주님의 계명을 지켰습니다! 모든 것을 올바로 했어요! 그런데도 아직 승진(혹은 연봉 인상이나 관계 회복, 자녀 등)을 얻지 못했습니다! 주님은 계약을 이행하시지 않는군요!"

하나님의 영광을 위해 그분께 순종하고 있는가, 아니면 순종이 다른 뭔가를 얻기 위한 최선의 수단이라고 생각해 순종하고 있는가?

문제 5. 종교는 우리의 교만을 부채질한다

우리는 종교가 사람들을 더 나아지게 한다고 생각하는 경향이 있다. 적어도 종교는 옳은 방향을 가리키지 않는가. 물론 그렇다. 하지만 이기적인 이유로 종교를 추구하면 우리 마음속에서 작용하는 한 가지 중요한 질병을 더욱 키우는 부작용이 나타난다. 그 질병은 바로 교만이다.

바울은 종교가 우리 안에서 부추기는 교만이 표출되는 세 가지 모습을 규명했다.

비판적인 영 // 바울에 따르면 종교적인 사람들은 성급하게 "남을 판단하는" 경향이 있다(롬 2:1). 그들은 다른 사람들이 자신보다 못하다는 점을 보여 주고 싶어 한다. 그것은 그들이 비교를 통해 선의 탑을 쌓기 때문이다. 그들에게 중요한 것은 내가 선한 것이 아니라, 내가 다른 사람들보다 나은 것이다. 종교적인 사람들은 다른 사람들에게서 잘못을 찾기를 좋아한다. 특히, 자신에게 없는 잘못을 찾으려고 눈에 불을 켠다.

위선 // 종교는 자신의 잘못을 숨기게 한다. 종교적인 사람들은 그럴듯한 외양을 유지하지만 속에서는 자신이 다른 사람들에게 지적하며 경멸하는 정욕을 똑같이 품고 있다. 그들은 남몰래 악을 행할 때가 많다. 바울은 이렇게 말한다. "판단하는 네가 같은 일을 행함이니라"(롬 2:1). 종교 지도자들이 설교단에서 정죄하는 짓들을 남몰래 스스로 저지르다가 들킨 사건이 얼마나 많은가.

불안감 // 앞의 두 가지는 모두 불안감에서 비롯한다. 자신이 하나님 앞에서 어떤 상태인지에 대한 불안감이 원인이다. 종교는 "내가 선을 '충분히' 행했는가?"라는 질문으로 끊임없이 우리 자신을 괴롭히게 한다. 종교적인 열정이 하늘을 찔렀던 마르틴 루터는 "내가 선을 '충분히' 행했는가?"라는 질문이 자신을 절망으로 몰아갔고 급기야 하나님을 미워하게 했다고 인정했다. 그는 이렇게 말했다. "나는 '의'라는 단어를 미워했다. 나는 하나님이 그 의로 불의한 죄인을 벌주신다고 배웠다."[1] 다시 말해, 그는 자신이 언젠가 하나님의 의를 기준으로 심판을 받을 것이라고 생각했다. 그런데 자신이 그 기준을 죽었다 깨어도 충족시킬 수 없다는 것을 알기에, 겉으로는 하나님의 법에 순종하는 척 종교적인 외양을 갖추려 노력하면서도 속으로는 남몰래 그 법을 혐오했다. 이것이 최악의 형태의 종교다.

우리가 하나님의 법을 지킬 수 없다는 사실은 우리를 절망으로 몰아가고, 나아가 정죄 의식과 위선으로 이끈다.

종교도 나름의 역할이 있다. 즉 종교는 우리에게 하나님의 법을 알려 주고 우리가 가야 할 방향을 가리킨다. 그런 면에서 종교는 철로와도 같다. 문제는 실제 철로처럼 열차를 움직일

힘은 없다는 것이다. 종교는 우리의 죄를 밝혀 주되 치유해 주지는 못한다.

다음 장에서 살펴보겠지만 복음은 전혀 다르다. 복음은 종교의 전제를 완전히 뒤엎는다. 복음은 "내가 순종하면 받아들여진다"가 아니라 "나는 이미 받아들여졌기 때문에 순종한다"라고 말한다. 복음은 전혀 다른 종류의 순종을 낳는다. 그것은 구원을 받기 위한 순종이 아니라, 이미 받은 구원에 대한 감사에서 우러나오는 순종이다.

로마서 2장에 나오는 종교에 대한 바울의 경고를 팀 켈러가 탁월하게 정리했다. "하나님의 십자가 은혜를 깊이 경험하는 데서 출발하지 않는 종교는 하나같이 독선, 지나친 민감성, 정죄, 위선, 불안감을 낳는다."

복음이 빠진 종교는 문제를 해결하기는커녕 오히려 더 악화시킨다.

반反종교로서의 복음

종교의 핵심은 행함이다. 하지만 아이러니하게도 종교적인 사람이 절대 행하지 않는 것이 있다. 그것은 바로 회개다. 종교적인 사람은 자신의 진짜 모습을 진정으로 회개하고 절박

한 심정으로 하나님께 나아가는 법이 없다. '회개'란 자신의 생각과 삶을 바꾸는 것을 의미한다. 회개는 하나님께 자신의 마음과 삶 속에서 '코페르니쿠스적 혁명'을 일으켜 달라고 요청하는 것이다. 회개란 나 중심에서 하나님 중심으로 바뀌는 것이다.

이생의 복이든 내세의 복이든, 복을 얻기 위해 하나님께 순종하는 것은 사실상 이렇게 말하는 것이다. "나는 이것을 할 수 있다. 나는 영웅이 될 수 있다. 천국에 가면 나는 그곳에 이른 것에 대해 칭찬받을 만한 자격이 있다."

바울은 반대 방향을 가리킨다. "하나님의 인자하심이〔그분의 선하심을 경험하고 그분의 말씀을 듣고 네게 자비가 필요함을 깨닫게 함으로〕 너를 인도하여 회개하게 하"신다(롬 2:4). 우리가 그분의 거룩함에 절대 이를 수 없다는 사실을 깨닫고 인정해야 한다. 하나님은 우리에게 종교적인 사람이 되라고 말씀하시는 것이 아니라 회개하라고 말씀하신다. 그분께로 돌아와 그분을 우리 삶의 중심이요 소망의 근원으로 삼으라고 말씀하신다. 우리 자신의 노력이 아닌, 그분의 인자하심을 의지하라고 말씀하신다.

그래서 바울은 인간의 상황에 대한 요약을 이렇게 마무리한다. "율법의 행위로 그의 앞에 의롭다 하심을 얻을 육체가 없나니 율법으로는 죄를 깨달음이니라"(롬 3:20). 그는 종교적인 사람들에게 이렇게 말한다. "너희가 그토록 심각하게 받아들이는 율법을 자세히 보라. 그러면 너희가 아무리 노력해도 너희 안에서 여전히 죄가 발산된다는 사실을 깨닫게 될 것이다."

종교적인 사람이나 비종교적인 사람이나 할 것 없이 우리 모두는 "다 죄 아래에 있다"(롬 3:9). 이것이 바울이 세 장에 걸쳐 열변을 토한 뒤에 내린 결론이다.

이는 구원이 우리 안에서 올 수 없다는 뜻이다. 우리 안에는 부패와 죽음만 있을 뿐이다. 따라서 우리의 힘으로 이를 악물고 더 열심히 노력하지 않아도 된다. 그럴수록 점점 더 무너져 내린다.

구원은 오직 위를 봄으로써만 찾을 수 있다. 이것이 바울의 다음 주제다. 하지만 바울과 함께 그 주제를 살피기 전에 잠시 멈추자.

예수님은 누구신가?

기독교의 중심에는 예수님이 계신다. 따라서 예수님이 어떤 분이신지를 모르고서 기독교 복음을 제대로 아는 것은 불가능하다. 1장에서 소개한 복음의 정의를 다시 보자.

하나님은 은혜의 행위로서 그분의 아들 예수 그리스도를 인간으로 이 땅에 보내셨다. 이는 그리스도의 삶과 죽음과 부활을 통해 우리를 구원하시고, 왕으로 다스리시며, 우리가 누려야 할 영원하고 온전한 삶으로 우리를 이끄시기 위해서다.

예수님이 어떻게 우리를 구원하셨는지 탐구하기 전에 잠시 그분이 실제로 누구신지 생각해 봐야 한다. 그분이 '누구신지'를 알아야 그분이 '행하신 일'의 의미를 이해할 수 있기 때문이다. 바울은 로마서의 수신인들이 예수님에 관해 어느 정도 안다고 가정한다. 따라서 먼저 우리도 그런 지식을 갖추어야 한다.

세발자전거와 불쌍한 개미들 이야기로 시작해 보자.

개미들과 소통하는 법

내 친구 조비는 사우스캐롤라이나 주에서 자랐다. 조비의 집은 왕개미 탑이 가득한 빈 모래땅 옆에 있었다. 조비는 빅휠 (Big Wheel) 세발자전거를 타고 그곳에 즐겨 갔다. 이 세발자전거는 좌석이 낮고 앞바퀴가 아주 컸다. 자전거계의 할리데이비슨이라 할 수 있다. 루이스막스장난감회사(Louis Marx Toy Company)는 아이가 앞바퀴 너머를 볼 수 없는 세발자전거를 개발했다. 길을 보지 못하면 특히 아이들은 짜릿한 스릴감에 좋아서 어쩔 줄 몰라 하기 때문이다. 우리 부모들이 왜 이런 위험한 장난감을 아이들에게 사 주었는지 알다가도 모를 일이다. 페달이 앞바퀴에 붙어 있었기 때문에 최고 속도로 달리다가 급정거를 하면서 바퀴를 오른쪽으로 돌리면 하루 종일 빙빙 돌 수 있다. 조비는 세발자전거를 타고 그 모래땅에 가서 개미총 위를 달리는 것을 좋아했다. 조비의 자전거가 밟고 지나가면 모래와 개미들이 사방으로 흩어져 난장판이 되었다.

하루는 조비의 샌드위치에서 포도잼이 땅에 떨어졌다. 그러자 순식간에 수백 마리의 개미들이 잼 쪽으로 몰려왔다. 이에 이튿날 조비는 잼 한 병을 통째로 가져와 모래땅에 온통 잼을 뿌리고 다녔다. 그러자 잼으로 만들어진 줄은 개미들이 몰려와 마치 출퇴근 시간의 개미 고속도로처럼 변했다. 조비는 세발자전거로 최고 속도로 달리며 개미들을 마구 치고 지나갔다(나는 녀석이 잘했다고 말하는 것이 아니라 그냥 있는 그대로 이야기를 전할 뿐이다). 매일 조비는 새로운 잼 함정을 만들어 놓고 죽음의 질주를 즐겼다.

이 개미들이 불쌍하지 않은가? 내 친구의 기행이 충격으로 다가오지 않는가?(그 현장에서 나는 무엇을 하고 있었을까?) 개미들에게 내 친구의 잼 미끼를 물지 말라고 경고해 주고 싶지 않은가? "개미들아, 조심해. 잼에 넘어가지 마. 이 잼을 먹으면 반드시 죽어!" 개미총 위에 서서 저 아래에 있는 개미들에게 소리를 지르면 개미들은 그냥 위를 쳐다보며 이렇게 말할 것이다. "와, 저 남자의 발 크기 좀 봐!" 그러고는 급히 도망칠 것이다. 개미들에게 제대로 경고할 수 있는 유일한 방법은 그들의 수준으로 내려가는 것이다. 그들 중 하나가 되는 것이다. 그제야 그들의 신임을 얻고 그들과 소통할 수 있다. 그제야 그들을 안전한 곳으로 인도할 수 있다.

하지만 그것은 물론 불가능하다. 개미들의 문제점은 위험을 이해할 만한 안목이 없다는 것이다. 그런 안목을 지닌 우리의 문제점은 개미들에게 경고할 능력이 없다는 것이다.

좀 이상하게 보일지 모르지만 여기서 예수님의 성육신에 관한 논의를 시작해 보자. "성육신"은 문자적으로 '육체가 되다'

라는 뜻이다. 이것은 영원 전부터 하나님으로 존재하셨던 예수님이 2천 년 전 베들레헴의 한 마구간에서 마리아의 아기로 태어나신 순간을 지칭한다. 예수님의 어머니는 인간이었다. 그래서 예수님은 온전한 인간이셨다. 예수님은 마리아에게 임한 성령으로 잉태되셨다. 그래서 예수님은 온전한 하나님이기도 하셨다. 그분은 100퍼센트 하나님이자 100퍼센트 인간이시기 때문에 그리스도인들은 그분을 신인(神人)이라고 부른다.

기독교의 중심에는 이 세상을 지으신 하나님이 이 세상 속에서 거니셨다는 대담한 주장이 있다. 하나님은 우리를 구원하기 위해 이 땅에 오셔서 우리 중 하나로 사셨다.

"하나님의 아들"이라는 말을 듣고서 '그분은 하나님인가, 아니면 하나님의 피조물인가?'라는 생각을 해 본 적이 있는가? 그분이 하나님이라면 하나님이 두 분이 계신 것 아닌가? 하나님이 한 분뿐이라면 예수님이 하나님께 기도할 때는 도대체 누구한테 기도한 것인가? 예수님이 "나의 원대로 마시옵고 아버지의 원대로 하옵소서", 특히 "나의 하나님, 나의 하나님 어찌하여 나를 버리셨나이까"라고 말씀하신 것은 도대체 뭔가?(막 14:36; 15:34)

좋은 질문들이다. 성경은 '삼위일체' 하나님을 가르친다. 이는 세 위가 하나의 존재로 연합해 있다는 뜻이다. 하나님은 하나님들의 가족으로서 존재하시지 않는다. 한 분 하나님이 다양한 신적 역할을 맡으시는 것도 아니다. 하나님은 한 존재 안에 세 위로서 영원히 존재하신다. 그리스도인들은 이것을 2천 년 동안 쭉 믿었다.

나도 안다. 이것을 이해하려고 하는 순간, 당신의 머리와 귀에서 김이 나기 시작할 것이다. 이는 당연한 일이다. 당신의 작고 유한한 머리로 하나님의 본성이 쉽게 이해 간다고 말한다 해도 나는 당연히 믿지 않을 것이다. 우리 같은 개미들이 어떻게 하나님을 이해하겠는가?

성경은 우리가 하나님의 본성을 이해하도록 돕기 위해 때로 비유를 통해 이야기한다. 세상의 모든 비유가 완벽한 것은 아니지만, 성경의 이 비유들은 예수님이 누구신지 이해하기 위한 좋은 출발점이 된다.

히브리서 ——— "광채"와 "형상"

히브리서 기자는 예수님을 이렇게 묘사한다. "하나님의 영광의 광채시요 그 본체의 형상"(히 1:3).

"광채" // 태양은 얼마나 강력한지 1억 5천만 킬로미터나 떨어진 곳에서도 우리의 살갗을 태운다. 그 거리를 1.1퍼센트만 줄이면 우리는 뜨겁다고 불평할 새도 없이 소멸될 것이다. 태양은 상상이 안 갈 정도로 엄청나고 위험한 하늘의 원자로(原子爐)다. 하지만 우리는 이 땅 위에 서서 태양의 따스함과 밝음을 즐긴다.

정확한 것을 좋아한다면, 우리는 사실 태양의 본체를 볼 수 없다. 우리는 내부의 원자 반응을 볼 수 없다. 우리는 매초에 5억 메트릭톤의 수소가 헬륨으로 융합되는 것을 볼 수 없다. 우리가 볼 수 있는 것은 그 융합에서 나오는 광채뿐이다. 하지만 "내가 태양의 광채는 볼 수 있지만 태양 자체는 볼 수 없다"라고 말하는 것은 말이 되지 않는다. 태양의 광채를 보는 것은 곧 태양을 보는 것이다. 예수님이 하나님의 광채라는 히브리서 기자의 말은 예수님이 하나님의 본체에서 발산되는 분이라는 뜻이다. 예수님을 보는 것은 곧 하나님을 보는 것이다. 예수님은 하나님의 영광스러운 본체의 빛이시다. 예수님은 하나님의 얼굴에서 나오는 영광이시다. 예수님은 하나님과 동일하신 분이다.

"형상" // 계속해서 히브리서 기자는 예수님이 "하나님의 본체의 형상"이라고 말한다. 이는 인장 반지와도 같다. 수 세기 동안 사람들은 뭔가에 서명하고 싶을 때 밀랍에 열을 가한 다음, 부드러워진 밀랍에 인장 반지를 눌러 찍었다. 그러면 밀랍에는 인장의 정확한 형상이 남았다. 공식 문서를 받으면 인장 반지로부터 수백 킬로미터가 떨어져 있어도 그 인장의 정확한 형상을 알 수 있었다. 그 인장의 위엄과 권위를 이해할 수 있었다. 인장 자국을 보는 것은 인장 자체를 보는 것과 다름없었다. 히브리서 기자는 예수님과 성부의 본체가 동일하다고 말한다. 예수님을 보는 것은 곧 하나님을 보는 것이다. 하나님과 예수님은 모든 면에서 동일하시다.

요한복음 ——— "말씀"

성경이 예수님의 본성을 보여 주기 위해 사용하는 비유 중 내게 특히 도움이 되었던 것은 "말씀"이다. 사도 요한은 이렇게 말한다. "태초에 말씀이 계시니라 이 말씀이 하나님과 함께 계셨으니 이 말씀은 곧 하나님이시니라"(요 1:1).

예수님은 성부 하나님의 말씀이다. 어떤 면에서 우리의 말은 우리의 정신과 분리되어 있다. 하지만 또 다른 면에서 이 둘은 서로 뗄 수 없이 연결되어 있다. 내 말을 듣는 것은 곧 내 마음을 듣는 것이다. 이에 관해서 내가 들은 최고의 설명은, 티머시라는 8세기 선교사와 이슬람 공동체 초기 지도자 중 한 명 사이의 논쟁 속에 등장한다. 이슬람 공동체 통치자들은 티머시에게 삼위일체 교리를 옹호해 보라고 요구했다. 그래서 그는 두 하나님이 계시지 않고도 어떻게 인간이신 예수님이 하나님일 수 있는지 설명하기 위해 노력했다.

티머시는 사도 바울의 '말씀' 비유를 선택하여 우리가 누군 가와 이야기할 때 머리가 '생각'을 한다고 설명했다. 예를 들어, 뜨거움을 느끼면 우리는 그 생각을 머릿속에서 '말'로 형성한 다. 그런 다음, 성대가 공기 중에 '소리의 진동'을 일으켜 그 말 을 다른 사람의 귀로 전달한다.

생각과 말과 소리의 진동, 이 세 가지가 함께 작용한다. 우 리는 "네 말을 들었지만 네 생각은 듣지 못했다"라고 말하지 않 는다. 상대방이 내 말을 들을 때 작용하는 내 생각, 말, 소리의 진동은 모두 하나의 뗄 수 없는 경험의 일부다. 티머시는 성부 는 생각, 성자는 말씀, 성령은 생각을 바람에 실어 우리의 귀에 전달하는 소리의 진동과도 같다고 말했다. 성자는 성부를 우리 에게 알려 주신다. 성자는 성부와 완전히 동일하시다. 성자는 성부의 본체의 형상이요 그분 임재의 광채시다.

물론 이것은 어디까지나 비유다. 하지만 유용한 비유다.

이 광채, 이 말씀이 육신을 입고 우리 가운데 거하셨다. 우 리는 예수님을 생각할 때 두 가지 현실을 함께 떠올려야 한다.

먼저, 예수님은 당신과 나처럼 인간의 감정과 한계를 그대로 지니신 온전한 인간이시다. 예수님은 피곤하고 배고프고 눈물이 나고 기쁨이 넘치고 비탄하는 것이 무엇인지 정확히 아신다.

둘째, 예수님은 하나님이시다. 우리와 달리 완벽한 신이시다. 그분은 모든 것을 아신다(막 2:1-12). 그분은 모든 것을 다 스리신다(마 26:53; 요 3:31-36; 17:2). 그분은 풍랑을 통제하셨고 물 위를 걸으셨다(마 8:23-27; 14:22-33). 그분은 죄의 유혹을 뿌리치셨고 질병과 죽음을 이기셨다(마 4:1-11, 23; 9:35). 무엇보다도 그분은 무덤에서 걸어 나오셨다(마 28:1-10).

예수님은 하나님이시기 때문에 죄로 얼룩진 우리는 살 수 없는 삶을 사실 수 있었다. 그분은 죄의 저주 아래서 그런 삶을 사시고, 죽으셨을 때 인간이셨기 때문에 우리를 그 저주에서 풀어 주실 수 있었다. 이에 관한 이야기는 다음 장에서 더 자세히 해 보자.

이것이 예수님의 영광이다. 그분은 우리와 같으면서도 전혀 같지 않으시다. 그분은 100퍼센트 하나님인 동시에 100퍼센트 인간이시다. 이는 그분만이 우리를 구원하실 수 있다는 뜻이기도 하다.

5

왜 기독교 신자들은
'구원받는 것'에 관해 이야기하는가?

구원
Rescue

이제는 율법 외에 하나님의 한 의가 나타났으니 ……
곧 예수 그리스도를 믿음으로 말미암아
모든 믿는 자에게 미치는 하나님의 의니.
로마서 3장 21-22절

혹시 물에 빠져 죽을 뻔한 적이 있는가? 내게는 최악의 경험이었다. 급류 타기 가이드는 우리가 곧 세 개의 '5급' 급류를 연달아 통과할 것이라고 말했다. 한번 급류에 돌입하면 멈출 수 없다고 했다. 가장 중요한 주의사항은 두 번째 급류에서 물속에 빠지지 않는 것이었다. 그 강 전체에서 가장 위험한 급류였기 때문이다.

나는 가이드의 지시를 충실히 따랐다. 이미 첫 번째 급류를 만나자마자 물에 빠졌다. 문제는 보트가 두 번째 급류에 이르기 전에 미처 보트에 올라타지 못했다는 것이다. 결국 나는 소용돌이 속 코르크 마개처럼 골리강(Gauley River) 최악의 급류에 휩쓸렸다. 거대한 급류가 계속해서 나를 물속으로 밀어 넣었다. 마치 거대한 폭포수가 내 머리를 끊임없이 강타하는 것처럼 느껴졌다. 숨을 쉬려고 물 밖으로 고개를 쳐들면 곧바로 다시 물속으로 밀려들어 갔다. 결국 안전모를 쓴 내 머리가 뭔가 탄력 있는 것에 부딪혔고, 눈을 떠 보니 나는 어느 보트에 누워 있었다. 그 보트에는 중국에서 온 교환학생들이 가득했다. 잠깐 어색한 시선이 오간 뒤, 다급한 목소리의 중국어들이 들렸다. 그들은 이내 나를 잡고 일으켜 세웠다.

로마서 1-3장을 읽다 보면 마치 그런 세찬 급류를 통과하는 것처럼 느껴진다. 바울은 나쁜 소식의 폭포를 잇달아 퍼붓는다. 고개를 물 밖으로 들자마자 다시 급류 속으로 밀려들어 간다.

"내 마음은 우상숭배적이다. 내 의지는 반항적이다. 내 갈망은 부패해 있다. 내 종교는 이기적이다. 내 동기는 왜곡되어 있다. 심지어 진정으로 좋은 일을 할 때도 내 안은 교만과 경쟁심이 가득하다. 내 갈망의 중심에는 하나님의 영광이 있어야 하지만, 내가 가장 좋은 모습을 보일 때조차 그분의 영광은 언제나 뒷전이다."

물에 빠져드는 사람에게는 구원이 필요하다. 위와 같은 것들은 우리 스스로 헤엄쳐 나올 수 없는 급류들이다.

기독교 복음은 하나님이 우리를 구원하기 위해 우리 죄의 급류 속으로 들어오셨다는 소식이다. 하나님만 그렇게 하실 수 있기에 직접 오셔야 했다.

로마서 3장은 인류 역사상 가장 중요한 문장 중 하나를 담고 있다. "이제는 율법 외에 하나님의 한 의가 나타났으니"(롬 3:21). 바울은 하나님의 의가 단순히 우리를 심판하기 위한 기준이 아니라, 그리스도를 통해 우리에게 주시는 선물이라고 설명한다.

이 문장 다음에는 한 기독교 신학자가 "지금까지 쓰인 가장 중요한 문단"이라고 말하는 것이 등장한다.[1] 여기서 바울은 하나님의 구조 작전을 기술하기 위해 세 가지 키워드를 사용한다. 칭의, 속량, 화목제물. 낯선 단어들인가? 하지만 내용은 지극히 간단하다. 단, 이것들은 모든 것을 바꿔 놓는다.

칭의 Justification

바울은 그리스도의 십자가 사역을 통해 죄인들이 "하나님의 은혜로 값없이 **의롭다 하심**"을 얻을 수 있다고 말한다(롬 3:23-24).

"칭의"는 '의롭다고 선포하는 것'을 의미한다. 이는 우리의 법적 지위와 관련이 있다. 내가 어떤 범죄로 고소를 당하면 법정에서 배심장이 자리에서 일어나 평결하는 순간이 온다. 그때 '무죄'가 선언되면 나는 혐의를 벗고 칭의를 얻는다. 나는 전과기록 없이 자유로운 시민으로 법정을 나서게 된다. 내가 어린 시절에 다니던 교회 목사님의 표현을 빌리자면 "내가 전혀 죄를 짓지 않은 것처럼" 된다.

칭의는 매우 중요하다. 그런데 이 부분에서 많은 사람이 오해를 한다. 칭의는 실제로 더 나은 사람이 되어 가는 과정을 말하는 것이 아니다(그 과정도 중요하지만 신학적 용어로 그것은 "성화"라 부른다). 칭의는 하나님 앞에서 우리의 법적 지위와 관련이 있다. 마르틴 루터는 의롭다 하심을 얻은 그리스도인을 "의인인 동시에 죄인"이라고 말했다. 하나님은 우리가 실제 행동에서 의로워지기 전에 의롭다고 선포하신다. 하나님이 보시기에 이제 우리의 의는 그리스도의 의를 바탕으로 한다. 그분의 의가 우리의 의로 여겨지게 되었다.

이런 의의 전가는 유대인들이 예수님 탄생 수 세기 전에 하나님께 드렸던 제사에서도 나타났다. 하나님을 믿는 가정마다 흠 없이 완벽한 어린양을 가져와 제단 위에 눕히고 그 양의 머리에 손을 얹고서 자신들의 죄를 고백했다. 그러고 나서 그 어린양을 잡았다. 그 순간, 어린양이 그들의 죄를 대신해서 벌을 받고 그들은 의로워졌다. 어린양은 제단에서 죽고 그들은 자유로워진 상태에서 집으로 돌아갔다.

제사는 예수님이 무엇을 행하시고 신자들이 어떻게 그분을 받을지를 미리 보여 주는 것이었다. 십자가에서 예수님은 우리의 죄를 짊어지셨다. 그래서 내가 그분께 믿음의 손을 얹으면(그분을 나를 구원해 주신 분이라 믿으면) 내 죄는 그분의 것이 되고 그분의 의는 내 것이 된다.

십자가에서 예수님은 거짓말쟁이요 도둑이며 간음한 자요 살인자가 되셨다. 예수님은 가정을 방치하거나 학대한 남편이 되셨다. 예수님은 남의 가정을 파탄 낸 부도덕한 여인이 되셨다. 예수님은 마약 중독자가 되셨다. 예수님은 부모에게 거짓말하는 사춘기 소녀가 되셨다. 예수님은 이중적인 삶을 사는 위선자가 되셨다. 예수님은 교만하고 이기적이고 냉담한 자가 되셨다. 예수님은 이런 자들이 되셔서 이런 자들을 위해 죽으셨다. 그래서 당신과 나는 그분을 믿기만 하면 이런 죄를 벗고 의로워질 수 있다.

속량 Redemption

그리스도 예수 안에 있는 **속량**으로 말미암아(롬 3:24).

"속량"은 '뭔가를 되찾다'라는 뜻이다. 당신이 현금이 없어서 영화배우 니콜라스 케이지의 사인이 들어간 빈티지 포스터를 전당포에 가져간다고 해 보자. 우울한 날이다. 그런데 얼마 뒤 삼촌에게서 약간의 유산을 물려받는다. 그 즉시 전당포로 달려간다. 놀랍게도 아무도 포스터를 사 가지 않았다. 그래서 돈을 갚고 포스터를 다시 집으로 가져간다. 당신은 무엇을 한 것인가? 니콜라스 케이지 포스터를 되찾은 것이다. 그것을 집으로 가져와 원래 있던 벽에 다시 거는 것이다.

무료 쿠폰으로도 '되찾을' 수 있다. 마트 계산대에 줄을 서서 과자와 초콜릿을 계산했는데 영수증에 "축하합니다! 무료 햄에 당첨되셨습니다! 이 쿠폰을 직원에게 보여 주세요!"라고 적혀 있다. 그래서 햄을 가져와 다시 계산대로 간다. 계산대 직원이 "23달러입니다"라고 말하자 당신은 속으로 생각한다. '원래대로라면 23달러를 내야겠지. 하지만 이번엔 아니야. 무료 쿠폰이 있으니까.' 그러면서 무료 쿠폰을 건네고 햄을 받는다. 당신은 무엇을 한 것인가? 제조사가 이미 값을 지불한 햄을 되찾은 것이다.

예수님은 돌아가시기 직전에 한마디를 말씀하셨다. "데텔레스타이." 우리는 이것을 "다 이루었다"로 번역한다(요 19:30). 하지만 사실 이것은 '다 지불되었다'라는 뜻의 신약 시대 상거래 관련 용어다. 고고학자들은 누군가가 빚을 다 갚고 나서 받은 1세기의 영수증을 발견했다. 영수증에는 "데텔레스타이"라는 단어가 휘갈겨 있었다. 다 지불되었다. 바로 이것이 예수님이 돌아가시면서 하신 말씀이다. "다 지불되었다. 너를 사서 죽음에서 생명으로, 죄에서 하나님께로 되돌리기 위한 값을 내가 치렀다." 우리가 지불해야 할 것은 하나도 남지 않았다. 우리가 하나님과 화목하기 위해 해야 할 일은 하나도 남지 않았다. 예수님은 속량을 제시하신다. 우리가 치러야 할 대가는 하나도 없다. 예수님이 모든 대가를 치르셨기 때문이다.

화목제물 Propitiation

이 예수를 하나님이 그의 피로써 믿음으로 말미암는

화목제물로 세우셨으니 (롬 3:25).

아마도 이것이 셋 중에서 우리에게 가장 생소한 단어일 것이다. 이것은 하나님의 진노가 충족되었다는 뜻이다. 우리에 대한 하나님의 채무 관계가 정리되었다는 뜻이다. 빚을 완전히 갚으면 채권자는 더 이상 채무자에 대한 권리가 없다. 하나님은 예수님을 믿는 사람을 더 이상 채무자로 여기시지 않는다. 예수님을 통해 하나님 자신이 그 사람을 향한 의로운 분노를 모두 스스로 감당하셨기 때문이다. 십자가에서 하나님은 우리가 받아 마땅한 심판을 스스로 받으셨다.

그런데 우리에게 분노할 수 있는 하나님을 떠올리기도 어렵고, 그런 분을 예배하기는 더더욱 어렵다. 성경은 분명 하나님을 사랑이시라고 말하니까 말이다. 하지만 죄인들을 향한 하나님의 분노는 죄인들을 향한 그분의 사랑과 전혀 상충하지 않는다. 사실, 그 분노는 사랑에서 비롯한다. 하나님은 그분의 영광과 창조물을 사랑하시기 '때문에' 그것을 파괴하는 죄에 분노하신다. 영광과 정의는 그분의 보좌의 기초다. 그것은 모든 아름다움의 궁극적인 근원이다. 또한 하나님은 그분의 형상대로 지음받은 우리를 사랑하신다. 그래서 더더욱 죄가 우리에게 입힌 막대한 피해에 슬퍼하신다.

생각해 보라. 우리가 누군가를 사랑하면 그를 해치는 몹쓸 것들을 미워할 수밖에 없다. 누군가를 사랑하면 그의 몸을 죽이는 암이나 그의 삶을 파괴하는 중독을 미워할 수밖에 없다. 이것이 하나님이 우리의 죄에 대해 느끼시는 감정이다. 하나님은 죄를 미워하시며, 죄에 대해 의분을 품으신다. 하나님이 그런 감정을 느끼시지 않는다면 공의롭고 사랑이 많으신 분이라고 할 수 없다.

그래서 하나님은 우리를 죄에서 떼어 놓기 위한 방법을 마련하셨다. 그것은 하나님 스스로 진노와 부패, 죄의 궁극적 결과를 감당하시는 것이었다. 그렇게 하나님은 그 역사를 받아들이는 이들에게 구원의 길을 열어 주셨다.

이렇게 말하는 이들도 있을 것이다. "그냥 모든 것을 없던 일로 하고 처음부터 다시 시작하실 수는 없나요? 왜 용서하기 위해 굳이 희생이 필요한 거죠?"

좋은 질문이다. 이것은 용서의 본질과 관련이 있다. 진정한 용서에는 언제나 대가가 따른다. 용서는 용서하는 쪽의 고통을 필요로 한다. 당신이 내 차를 훔치고 망가뜨렸다고 해 보자. 나중에 당신이 나를 찾아와 용서를 구한다. "죄송합니다. 당신의 차를 훔치고 망가뜨렸습니다. 하지만 수리비를 낼 돈이 없습니다." 내게는 어떤 선택 사항들이 있을까? 첫째, 당신을 고소하고 피해 보상금을 전부 내놓게 할 수 있다. 둘째, "당신을 용서합니다. 수리비는 내지 않아도 됩니다"라고 말할 수 있다. 이 경우, 수리비는 누가 부담하는가? 내가 부담한다.

또 다른 예로, 당신이 나에 관한 헛소문을 퍼뜨려 내 평판을 복구 불가능할 정도로 망가뜨렸다고 해 보자. 몇 달 뒤 당신이 나를 찾아와 용서를 구한다. 나는 어떤 반응을 선택할 수 있을까? 첫째, 당신에게 분노를 쏟아 낼 수 있다. 당신을 밖으로 데리고 나가 당신이 저지른 짓을 모두에게 말해서 당신이 우리 동네에 발을 붙이고 살지 못하게 할 수도 있다. 누구라도 충분히 이해할 만한 반응이다. 하지만 내가 당신을 용서하기로 선택한다면, 그것은 곧 당신의 죄로 인한 고통을 나 혼자 속으로 삭이기로 선택하는 것이다. 당신의 죄에 대해 보상을 받지 않기로 선택하는 것이다. 당신에게 받은 고통을 똑같이 돌려주지 않기로 선택하는 것이다. 바로 이것이 하나님이 십자가에서 행하신 일이다.

만약 하나님이 죄의 불의를 그냥 무시하신다면 그 자체로 불의한 일이다. "악인을 의롭다 하고 의인을 악하다 하는 이 두 사람은 다 여호와께 미움을 받느니라"(잠 17:15). 하나님의 보좌의 기초인 의로운 도덕적 질서(시 89:14)가 회복되어야 했다. 정의에 대한 빚을 지불해야 했다. 의로운 분노가 어디로든 향해야 했다. 그래서 하나님은 죄의 형벌, 분노, 수치를 스스로 당하기로 선택하셨다. 십자가에서 하나님의 아들은 하나님의 의로운 진노를 대신 당함으로써 그 진노로부터 우리를 막아 주셨다. 그분 안에서 하나님의 진노는 달래지고 우리는 의로워지고 우리의 망가진 삶은 되찾아졌다.

바울은 십자가를 통해 하나님이 서로 절대 융화되지 않을 것만 같은 두 가지 일을 동시에 이루셨다고 말한다. 즉 하나님은 정의의 요구(우주를 지탱하는 그분의 영광을 유지시키는 일)를 온전히 충족시키신 '동시에' 우리를 구원하셨다. 십자가에서 하나님은 다음과 같이 하셨다. "자기도 의로우시며 또한 예수 믿는 자를 의롭다" 하셨다(롬 3:26).

십자가는 예수님이 우리를 향한 하나님의 사랑을 '증명해 보이신' 사건만이 아니다. 단순히 "내가 너희를 얼마나 사랑하는지 알아?"라고 말하고서 그 사랑의 깊이를 증명해 보이기 위해 극적인 죽음을 맞는 상황을 생각해서는 곤란하다. 십자가에서 하나님은 우리를 '대신해서' 형벌을 받으신 것이다. 예수님은 단순히 우리를 위해 죽으신 것이 아니라, 우리를 '대신해서' 죽으셨다.

어떤 이들은 단순히 예수님의 죽음을 가장 위대한 사랑을 완벽히 증명해 보이기 위한 큰 희생의 행위로만 본다. 하지만 예수님의 죽음이 죄인들을 위해 아무것도 이루지 못한다면 그것이 무슨 사랑인가? 내가 자동차가 많이 다니는 도로 옆을 우리 아이들과 걷다가 "이 아빠가 너희를 얼마나 사랑하는지 아니?"라고 말하고 나서 미친 듯이 달리는 10톤 트럭 앞으로 돌진한다고 해 보자. 이것은 사랑이 아니다. 이것은 바보 같은 짓이다. 내가 트럭 앞으로 몸을 던지는 행위가 사랑의 행위가 되려면 그 행위로 누군가를 구해야 한다. 내가 몸을 던지면서 그를 트럭에서 멀리 밀쳐 내야 한다.

바로 이것이 예수님이 십자가에서 우리와 같은 죄인들을 위해 해 주신 일이다. 십자가는 그분 사랑의 크기를 보여 주는 척도다. 그분이 우리를 용서하기 위해 하시지 못할 일은 없다. 그분은 우리를 위해, 우리 대신 그야말로 지옥을 통과하셨다. 이것이 사랑이다.

나 대신 예수님이

칭의, 속량, 화목제물은 구원을 위한 하나님의 계획을 말해 준다.

더 이해하기 쉬운 방법을 원한다면 이렇게 표현할 수도 있다. "나 대신 예수님이."

예수님은 내가 살아야 할 삶, 곧 죄 없는 삶을 사시고 나서 내가 죽어야 마땅한 죽음, 곧 유죄 판결에 따른 죽음을 당하셨다. 예수님은 나를 대신해서 내가 받아 마땅한 벌을 받으셨다. 덕분에 나는 예수님이 받아 마땅한 인정을 받을 수 있게 되었다.

바울은 구원이라는 빛나는 보석을 기술하기 위해 많은 단어를 사용하지만 구원의 핵심은 이것이다. "예수님은 내가 살아야 할 삶을 사신 뒤 내가 당해야 마땅한 죽음을 당하셨다. 그래서 나는 하나님과 영원히 화목할 수 있게 되었다."

인류 역사상 가장 위대한 결혼

2000년 7월 28일, 나는 온 가족, 친지, 친구들 앞에 서서 베로니카 맥피터스라는 아리따운 여인과 평생을 함께하겠노라 서약했다. 18개월간의 연애 끝에 7월의 그 토요일에 우리

두 사람의 삶은 하나가 되었다. 이제 내 재산은 그녀의 재산이 되었고 그녀의 재산은 내 재산이 되었다. 물론 그 결혼은 무조건 내게 이익이었지만 아내에게 이익인 것이 딱 하나는 있었다. 그것은 아내가 내 차를 차지하게 되었다는 것이다. 당시 나는 직장을 다니고 있었고 매우 근사한 차가 있었으며 얼마간의 돈도 저축해 둔 상태였다. 아내는 막 졸업해서 아직 취업을 하지 못했고 학자금 대출금만 잔뜩 쌓여 있었다. 에어컨도 달려 있지 않고 과속 방지턱만 빨리 넘어도 바로 퍼질 것 같은 작은 경차만 한 대 있었다. 결혼한 뒤 나는 아내가 그 차를 모는 것을 차마 볼 수 없었다. 그래서 내가 아내의 차를 몰고 내 차를 아내에게 주었다. 그러고 나서 내 통장을 털어 아내의 학자금 대출금을 갚아 주었다. 내 모든 것이 아내의 것이었고, 아내의 모든 것이 내 것이었다.

1989년 3월 30일, 나와 예수님 사이에서도 이와 비슷한 일이 벌어졌다(물론 그 규모는 비교할 수 없는 차원이다). 나는 그분과 하나가 되었다. 그분은 내 모든 것을 가져가셨다. 내 죄, 내 수치, 내가 받을 심판까지 전부. 그리고 나는 그분의 모든 것을 받았다. 그분의 의, 그분의 지위, 그분의 보상, 그분의 미래가 내 것이 되었다.

내가 저지른 모든 수치스러운 일을 예수님이 십자가에서

짊어지셨다. 대신 나는 그분의 의를 받았다. 로마서 8장에서 바울은 기뻐하며 선포한다. "그러므로 이제 그리스도 예수 안에 있는 자에게는 결코 정죄함이 없나니"(롬 8:1).

그뿐만이 아니다. 예수님께 속한 모든 것이 내 것이 되었다! 나는 그분의 식탁에서 총애받는 자리를 차지한다. 그분의 약속, 그분의 유산, 그분의 미래가 내 것이다. 그분의 천국이 확실히 내 것이다. 내 삶이 그 자리를 차지할 만큼 의롭기 때문이 아니라, 예수님이 그 자리를 내게 주셨기 때문이다.

덕분에 나는 죽음 이후를 불안해하지 않을 뿐 아니라, 이 생에서도 자신 있게 살아갈 수 있다. 나는 나중에 하나님의 심판을 두려워하지 않을 뿐 아니라, 지금 다른 사람들의 판단을 두려워하지 않고 살아간다. 예수님은 내 엉망진창인 마음을 이미 다 보시고도 나를 받아 주고 용서하셨으며 나를 변화시키겠노라 약속해 주셨다. 진정으로 중요한 의견은 오직 예수님의 의견인데, 그분의 눈에 나는 흠 없이 의로운 자다. 그래서 다른 사람들이 나를 어떻게 생각하는지는 별로 중요하지 않다.

상담 전문가 폴 트립의 말이 참으로 마음에 든다.

나는 다른 사람들이 내 약점을 보는 것을 두려워하지 않는다. 나에 관해 드러날 수 있는 모든 것을 하나님이

이미 다 보시고 예수님의 피로 덮으셨기 때문이다.[2]

십자가로 인해 나는 내가 하나님과 화목했다고 확신한다. 하나님이 약속하신 대로 모든 상황 속에서 내 선을 위해 내 안에서, 나를 통해, 내 주변에서 역사하고 계시는 줄 확신한다(롬 8:28-29). 그리고 내가 원수였을 때 하나님이 나를 위해 죽으셨기 때문에, 내가 아들이 된 지금은 더더욱 나를 온전히 돌보시리라 확신한다(롬 5:10).

나는 의롭다 하심을 얻었고 속량과 용서, 구원을 받고 회복되었다. 이 모든 일은 은혜로 이루어졌다. 자격 없는 자를 향한 하나님의 자비 덕분에 이루어졌다. 은혜로 시작된 이 구원은 은혜로 유지되며 은혜로 완성될 것이다. 오늘 무슨 일이 일어나든 나는 하나님이 나를 위하시고, 내 옆과 앞과 뒤에서 나와 함께 계시는 줄 믿는다. 내일 아무리 힘든 일이 나를 기다리고 있어도, 하나님이 이미 그 시간 속으로 가서서 그 상황을 헤쳐 나갈 길을 뚫고 계시는 줄 믿는다. 이것이 내 변함없이 깊은 확신의 근원이다.

"내가 널 구했다. 넌 영원히 괜찮을 거야."

이것이 그리스도인들이 구원의 필요성에 관해 이야기하는 이유다. 사실, 나는 예수님을 만나는 경험을 표현하기 위한 다른 단어를 오랫동안 찾아왔다. 그것은 (적어도 내가 사는 곳에서는) "구원"이란 용어가 근본주의적으로 들리기 때문이다. 그 단어는 몸에 딱 붙는 양복을 입고서 눈이 튀어나올 듯 부릅뜬 채 쉰 목소리로 목이 터져라 "구원"을 외치는 순회 설교자를 떠올리게 한다. 이보다 더 세련되고 우아하게 들리는 단어가 있으면 좋겠다. 하지만 예수님이 우리를 위해 실제로 행하신 일을 제대로 담아낼 단어가 이것 말고 또 있을까? 예수님은 우리를 돕거나 바로잡거나 교육하거나 교정하거나 개선시키거나 격려하시지 않았다. 예수님은 우리를 '구원'하셨다.

우리는 물에 빠져 죽는 장면을 생각하면서 이번 장을 시작했다. 끝맺음은 자동차 사고에 관한 이야기로 해 보자.

당신이 눈을 떠서 구급차 안의 들것 위에 누워 있는 자신을 발견한다고 해 보자. 어떻게 해서 거기에 눕게 되었는지 기억이 나질 않지만 순간, 두려움이 밀려온다. 그때 응급처치 요원이 내 머리에 살포시 손을 얹고 말한다. "큰 사고가 있었습니다. 피를 많이 흘리셨어요. 하지만 다행히 저희가 제때 도착했습니다. 위기는 넘겼습니다. 지금 병원으로 가는 중이에요. 거기서 완전히 회복하시면 됩니다. 괜찮으실 겁니다." 그 순간 요원은 당신에게 뭔가를 하라고 요구하고 있지 않다. 당신은 그저 그가 약속을 지킬 줄로 믿기만 하면 된다.

바로 이것이 구원을 통해 우리에게 일어나는 일이다. 죄는 우리와 하나님의 관계를 망쳐 놓고 우리의 미래를 파괴했다. 복음을 발견하는 것은 들것 위에서 깨어나 예수님을 보며 이런 말을 듣는 것과 같다. "내가 너를 구했다. 내가 너를 회복시킬 수 있다. 너는 지금뿐 아니라 영원히 괜찮을 거야."

우리가 해야 하는 일, 아니 우리가 할 수 있는 일은 그분이 역사하시도록 믿고 따라가는 것뿐이다.

하나님이 약속을 지키실 줄 믿는 것을 우리는 믿음 생활이라 부른다. 이것이 사도 바울의 다음 주제다.

6

내가 천국에 가리라는 것을 어떻게 알 수 있는가?

믿음
Faith

일을 아니할지라도
경건하지 아니한 자를 의롭다 하시는 이를
믿는 자에게는
그의 믿음을 의로 여기시나니.
로마서 4장 5절

예수님께 구원해 달라고 요청한 횟수에 관한 기네스 기록이 있다면 십중팔구 내가 그 기록 보유자일 것이다. 열아홉 살에 이미 나는 예수님을 5천 번째 영접했다. 교회에서 예수님을 영접할 사람에게 앞으로 나오라고 할 때마다 나는 앞으로 나갔다. 어느 해에 우리 교회는 300명의 회심을 목표로 내걸었는데, 나 혼자서 그 목표를 달성하고도 남았다.

강박증처럼 보일 것이다. 하지만 나는 단지 구원받았다는 확신을 원했을 뿐이다. 나는 '전에 영접 기도를 드렸을 때 내가 내 죄에 대해 충분히 슬퍼했나?'와 '영접 기도를 드린 뒤 내가 예수님을 충분히 잘 따랐나?' 같은 생각에 시달렸다.

성경을 읽어서 우리가 "믿음으로 말미암아 구원을" 받는다는 것쯤은 알고 있었다(엡 2:8). 하지만 "구원하는 믿음"이 대체 무엇이며 내게 그 믿음이 있는지 확실히 알고 싶었다.

나중에 알고 보니 많은 그리스도인들이 이런 질문과 씨름하고 있었다. 스무 명에게 '믿음'이 무엇이냐고 물으면 스무 가지의 다른 대답을 얻을 수 있다. 어떤 이들은 믿음이 하나님이 실재하신다는 막연한 느낌이라고 말한다. 종교 생활을 진지하게 하는 것이라고 말하는 이들도 있다. 어떤 이들은 믿음이 긍정적이고 희망적인 시각을 품는 것이라고 말한다. 또 다른 이들은 '죄인의 기도'를 드리면서 예수님께 마음속으로 들어와 달라고 요청했으면 믿음이 있는 것이라고 말한다. 물론 이 죄인의 기도에 관해서는 의견이 분분하다.

이번 장에서 생각해 보고 싶은 질문은 이것이다. 바울에 따르면 구원하는 믿음은 무엇이며 우리에게 그런 믿음이 있는지 어떻게 알 수 있는가?

바울은 "물어봐 줘서 고맙다"고 말한다. 그는 로마서 4장에서 구원의 요소들을 기술한 뒤, 구원하는 믿음이 무엇이며 우리에게 그런 믿음이 있는지를 어떻게 알 수 있는지 자세히 분석한다. 그는 우리를 위해 믿음을 테이블 위에 올려놓고 해부를 시작한다. 그 방법은 성경에서 가장 중요한 인물 중 한 명인 아브라함의 믿음을 살펴보는 것이다. 아브라함은 예수님이 태어나시기 거의 1,800년 전에 살았던 인물로 이스라엘 국가의 생물학적 조상이다. 유대인들과 그리스도인들은 모두 아브라함을 '믿음의 조상'으로 여긴다. 바울은 그가 믿음의 조상이니 그를 보면 구원하는 믿음이 무엇인지 알 수 있을 것이라 판단한다.

약속을 믿다

바울은 창세기 15장으로 거슬러 올라가 아브라함의 이야기를 시작한다. "아브라함이 하나님을 믿으매 그것이 그에게 의로 여겨진 바 되었느니라"(롬 4:3).

창세기에 기록된 아브라함의 이야기로 돌아가 보자. 창세기 12장에서 하나님은 아브라함에게 실로 엄청난 약속들을 주셨다(창세기 17장에서 하나님께 새 이름을 받기 전까지는 '아브람'과 '사래'였다. 이해를 돕기 위해 여기서는 장과 상관없이 '아브라함'과 '사라'로 통일해 표기하겠다). 무수히 많은 자손, 거주할 땅, 하나님과의 영원한 관계, 그의 가문을 통해 세상을 치유하겠다는 계획, 이 얼마나 놀라운 약속인가.

그런데 딱 한 가지 문제가 있었다. 아브라함과 그의 아내 사라는 늙었다. 당장 내일 죽어도 이상하지 않을 만큼 늙었는데 아직도 자식이 없었다. 아브라함 부부는 거의 50년 동안 아이를 가지려고 노력했지만 소용이 없었다. 그런데 하나님은 거의 80세가 다 된 아브라함에게 큰 나라의 아비가 될 것이라고 말씀하신다. 로마는 하루아침에 세워지지 않는다. 하지만 아브라함에게는 첫 번째 벽돌조차 없었다!

하나님이 아브라함에게 처음 그 약속을 하신 지 몇 년이 지났다. 창세기 15장은 하나님과 아브라함이 나눈 대화를 기록했다. 그때 하나님은 예전의 약속을 소환하셨다.

"아브라함아, 걱정하지 말라. 너를 큰 나라의 아비로 삼을 것이다. 그 위대한 나라는 언젠가 나와의 관계를 회복시켜 세상 모든 사람들에게 복을 더해 줄 것이다."

"좋습니다, 하나님. 하지만 자세히 말씀드리긴 좀 민망한데…… 저는 아직 자식이 없습니다."

"너는 아들을 낳을 것이다. 하늘의 별들을 보라. 네 자손이 저만큼 많아질 것이다. 걱정하지 말고 기다리라."

아브라함의 반응은?

"아브람이 하나님을 믿으니"(창 15:6).

로마서에서 바울은 이 구절을 인용하여 이것이 구원하는 믿음의 실례라고 말한다. 하나님은 큰 약속을 하셨고, 아브라함은 그 약속을 믿은 뒤 그 약속을 중심으로 삶을 재편했다.

바울은 그 믿음으로 인해 아브라함이 의로 "여겨진" 바 되었다고 말한다. 여기서 "여겨진"(credited)은 회계, 금융 용어다(헬라어로는 "로기조마이"). 이는 통장에 액수가 기록된다는 뜻이다. 예를 들어, 내 아들의 통장에 106달러가 들어 있다. 그런데 내가 살날이 일주일밖에 남지 않아 아들에게 재산을 물려주고 싶으면 은행에 가서 이렇게 말하면 된다. "내 예금액 전체를 내 아들의 소유로 '여기길' 원합니다." 내 아들이 그 돈을 받기 위해 따로 해야 할 일은 없다. 그냥 받기만 하면 된다. 그냥 "네"라고 말하기만 하면 끝이다.

믿음은 하나님의 제시에 "네"라고 말하는 것이다. 이것이 아브라함이 한 일이다. 그리고 그가 이렇게 '하나님에 대한 믿음'을 보인 덕분에 하나님은 그를 의로 여기셨다. 하나님은 아브라함이 그때부터 쭉 흠 없이 행동했기 때문이 아니라, 그가 그분의 약속을 믿었기 때문에 그를 의롭게 여기셨다.

오늘날에는 아무도 하나님께 100세에 아이를 낳을 것이라는 직접적인 약속을 받지 못했다(우리 대부분에게는 이것이 다행인 일일 것이다). 하지만 바울은 사실상 우리가 아브라함과 똑같은 약속을 받았다고 말한다. 그것은 바로 하나님과 영원히 함께하는 삶에 관한 약속이다. 그래서 그는 이렇게 말한다. "그에게 의로 여겨졌다 기록된 것은 아브라함만 위한 것이 아니요 의로 여기심을 받을 우리도 위함이니"(롬 4:23-24). 아브라함이 하나님의 약속을 믿었던 것처럼, 그리스도인들도 하나님이 약속을 지키실 줄로 믿는다. 우리가 하나님이 약속하신 대로 예수님 안에서 우리의 죄를 용서하셨다고 믿으면(25절), 아브라함처럼 그 믿음으로 인해 우리는 의로 여기심을 받는다. 이것이 구원하는 믿음이다.

마르틴 루터는 이렇게 말했다. "율법은 '이것을 하라'고 말하지만 그 일이 이루어질 수는 없다. 은혜는 '이것을 믿으라'고 말하며 모든 것은 이미 이루어졌다."[1]

믿음의 자세

아브라함의 삶은 구원하는 믿음이 하나님의 약속을 믿고 의지하는 것이라는 점을 보여 준다. 우리의 믿음과 아브라함의 믿음의 차이점은 하나뿐이다. 아브라함은 언젠가 구원자를 '보내 주실 것'이라는 하나님의 약속을 '기대하며' 믿은 반면, 우리는 하나님이 이미 구원자를 '보내 주셨다는 것'을 '돌아보며' 믿는다.

나는 구원하는 믿음을 의자에 앉는 것에 비유하곤 한다. 혹시 당신도 지금 앉아 있는가? 그렇다면 그것은 당신이 의자를 보며 당신의 몸무게를 버틸 만큼 강한지 가늠한 뒤, 몸의 무게를 당신의 다리에서 의자 쪽으로 옮기는 순간이 있었다는 뜻이다. 당신은 그 순간을 기억조차 하지 못할지 모르지만, 분명당신의 뇌는 무의식적으로 재빨리 평가를 하고서 의자에 몸을 의탁했다. 만약 의자가 당신의 몸무게를 지탱하지 못한다면 낭패일(그리고 고통스러울) 것이다. 하지만 당신은 의자 제조사를 전적으로 신뢰하면서 의자에 앉았다.

그리스도에 대한 구원하는 믿음은 그분이 약속하신 대로 우리를 구원하실 수 있다고 믿고, 구원에 대한 소망을 우리 자신의 선에서 그분의 은혜 쪽으로 옮기는 것이다. 이는 우리 삶의 통제권을 온전히 그분께 의탁하는 것이다. 더는 자신을 믿고서 살아가는 것이 아니라, 그분께 온전히 순복하는 것이다. 지금 우리는 서 있거나 앉아 있다. 다시 말해, 자신을 의지하거나 예수님께 순복한다. 두 자세 중 하나만 가능하다.

"다 하나님이 하셨어요!"

아브라함의 삶은 믿음에 관한 두 번째로 중요한 사안을 보여 준다. 그것은 어디에 믿음을 두느냐는 문제다.

> (아브라함은) 믿음이 없어 하나님의 약속을 의심하지 않고 믿음으로 견고하여져서 하나님께 영광을 돌리며 약속하신 그것을 또한 능히 이루실 줄을 확신하였으니 (롬 4:20-21).

아브라함은 아들을 얻는 일에서 철저히 하나님께 의지했다. 그래서 마침내 아들이 태어났을 때 모든 영광을 하나님께 돌릴 수 있었다. 아브라함이 백 살에 자신의 힘으로 자식을 얻었다면 "봐! 나는 슈퍼맨이다!"라고 자랑했을지 모른다. 하지만 지금 아브라함은 천국에서 자신이 얼마나 보기 드문 정력맨인지를 자랑하며 다니고 있지 않을 것이다. 대신 그는 이렇게 말하고 있을 것이다. "나는 아무 능력도 없었어요. 아내와 나는 자식을 볼 희망이 전혀 없었답니다. 다 하나님이 하신 겁니다."

우리의 구원이 우리 자신의 힘을 통해 이루어지면 천국에 가서 우리는 자기의 도덕적 힘을 자랑할 것이다. "내가 이를 악물고 노력했지. 내가 모든 시험을 뿌리치고 하나님께 순종한 끝에 이 자리에 이르게 되었어." 하지만 천국에서는 아무도 그렇게 말하지 않을 것이다. 유명한 찬송가 〈나 같은 죄인 살리신〉(Amazing Grace)은 이렇게 노래한다. "거기서 우리 영원히 주님의 은혜로 해처럼 밝게 살면서 주 찬양하리라." 그렇다. 천국에서 우리는 하나님의 은혜만을 자랑할 것이다. 우리 모두가 오직 그 은혜로 천국에 갈 것이기 때문이다. 오직 하나님만 영광을 받으실 것이다. 믿음은 하나님을 의지하는 것이다.

구원을 얻기 위한 쓸데없는 노력을 멈추라

구원하는 믿음을 소유한다는 것은 하나님께 순종하기 위한 노력을 멈춘다거나 그분의 명령을 선택 사항으로 여기는 것을 의미하지 않는다. 많은 교인들이 구원하는 믿음을 '한 번만 하면 끝나는 영접 기도나 통과의례, 신성한 의식'인 것처럼 이야기한다. 그들은 우리가 은혜(자격 없이 얻는 자비)로 구원을 받기 때문에 우리가 행동으로 예수님을 따르는지는 중요하지 않다고 말한다.

하지만 바울이 아브라함의 믿음에 관해 어떻게 이야기하는지 눈여겨보라. 아브라함의 믿음은 하나님을 따르기로 한 결심이었고, 그는 평생 그 결심을 지켰다. 하나님을 믿기로 한 첫 결심은 평생 그 결심대로 산 삶으로 증명되었다.

의자 비유를 다시 사용하자면, 믿음은 의자에 살짝 엉덩이만 댔다가 바로 일어서는 것이 아니다. 믿음은 의자에 앉아서 남은 평생 그 자세를 유지하는 것이다. 누구나 다시 일어나 자신의 힘으로 살아가고 자신의 뜻대로 하려 할 때가 있기 마련이다. 하지만 진정으로 구원받은 사람이라면, 결국 그 '앉은' 자세로 돌아오게 되어 있다.

믿음은 노력을 배제하지 않는다. 다만 '구원을 얻기 위한 노력'은 배제한다. 성경 전체에서 구원에 관한 가장 중요한 구절 중 하나에서 바울은 이렇게 말한다.

일하는 자에게는 그 삯이 은혜로 여겨지지 아니하고
보수로 여겨지거니와(롬 4:4).

우리가 해 온 모든 일의 전제는 이것이다. 일을 해서 삯을 받는다. 우리가 맡은 근무시간을 마치면 사장이 그에 해당하는 급여를 준다. 이때 사장은 우리에게 선물을 주는 것이 아니라, 우리가 받아 마땅한 임금을 주는 것이다.

대부분의 사람들은 같은 생각으로 하나님께 나아간다. '내가 선한 일을 하면 하나님이 천국행 표를 지불해 주실 거야. 내가 순종하면 하나님이 나를 받아 주실 거야.' 그들에게 구원은 순종에 대한 보상이다.

복음은 전혀 다른 전제하에 작용한다. 구원은 보상이 아니라 선물로 주어지는 것이다. 바울은 계속해서 이렇게 말한다.

> 일을 아니할지라도 경건하지 아니한 자를 의롭다 하시는
> 이를 믿는 자에게는 그의 믿음을 의로 여기시나니(롬 4:5).

여기서 "일을 아니할지라도"라는 말은 선행으로 하나님의 인정을 받기 위한 노력을 그만두고 그리스도께서 불경건한 자들의 죗값을 다 치르고 그들을 의롭게 하셨다는 하나님의 말씀을 믿는다는 뜻이다(롬 5:6-9). 이는 하나님이 그리스도를 통해 사신 선물을 우리에게 은혜로 주신다는 약속을 믿는 것이다. 이것을 믿고 자신의 것으로 받아들이면, 그리스도의 의가 우리의 것으로 여겨진다(로기조마이). 우리는 하나님께 받아들여지기 위해서가 아니라, 이미 우리를 받아 주신 하나님을 사랑하기

때문에 계속해서 선을 행하는 것이다.

믿음, 모든 것을 거는 것

너무 간단하다고 생각하는가? 실제로 그렇다. 자신을 향했던 믿음을, 하나님과 그분이 예수님의 죽음과 부활을 통해 이루신 일로 향하면 구원을 받는다. 의롭다 하심을 얻는다. 영생을 얻는다. 로마서 10장 9-10절은 이렇게 말한다.

> 네가 만일 네 입으로 예수를 주로 시인하며 또 하나님께서
> 그를 죽은 자 가운데서 살리신 것을 네 마음에 믿으면
> 구원을 받으리라 사람이 마음으로 믿어 의에 이르고
> 입으로 시인하여 구원에 이르느니라.

개념은 단순하지만 실제로 이런 믿음을 실천하기란 여간 어렵지 않다. 삶의 무게를 자신의 두 다리에 싣던 것을 오직 예수님께로 옮긴다는 것은 생각만 해도 두려울 수 있다. 하나님은 아브라함에게 모든 것을 버리라고 말씀하셨다. 자신이 소유한 모든 것을 내려놓고 그분이 보여 주실 땅을 향해 떠나라고 말씀하셨다(창 12:1). 만약 하나님이 약속을 지키시지 않는다면

아브라함은 알거지가 되어 길바닥에 나앉을 수밖에 없었다. 이것이 우리 대부분이 분산투자를 하는 종류의 '믿음'을 선호하는 이유다.

많은 사람이 "뮤추얼펀드(mutual fund) 믿음"을 선호한다. 이는 모든 것을 버리고 전적으로 예수님만 따를 때 뒤따르는 위험을 피하는 접근법이다.[2] 금융계에서 뮤추얼펀드는 투자의 위험을 분산시키는 방식이다. 뮤추얼펀드는 한 회사에 모든 돈을 투자하지 않고 수백 개의 회사에 분산투자를 하는 것이다. 그렇게 하면 한 회사에서 손실을 보아도 다른 회사들의 수익으로 손해를 벌충할 수 있다.

이것이 투자 전략으로는 좋을지 몰라도 믿음 전략으로는 통하지 않는다. 구원하는 믿음은 하나님께 '모든' 소망을 두는 것이다. 그것은 하나님의 약속에 '모든' 무게를 싣는 것이다.

자, 이제 묻자. 당신은 '전부'를 걸었는가?

이 물음에 우리 대부분은 자신 있게 "그렇다"고 말하지 못한다. 우리는 예수님을 따라가면서도 혹시 일이 계획대로 풀리지 않을 경우를 대비해 몇 가지를 부여잡고 있다. 우리는 안전그물을 유지하기를 원한다. 투자를 분산하기를 원한다. 이런 접근법은 실제로 어떤 모습으로 나타날까?

* 몸은 교회에 있지만 마음은 직장이나 학교, 북 클럽에
  가 있다.
* 종교 생활을 하되 온전한 그리스도의 제자는 되지
  않는다.
* 적당히 믿고 적당히 신앙생활을 한다.
* 도덕적인 삶을 살되 예수님의 선교 사명을 진지하게
  받아들이지는 않는다.
* 하나님 나라에 투자하는 것보다 일터에서의 성공,
  스포츠 활동, 여가 활동, 가족과의 시간을 더 중시한다.

분산투자를 하는 믿음은 어떤 영역에서든 하나님의 길이
최선이라고 확신하지 못하거나, 하나님이 필요한 것을 완벽히
공급해 주시지 않으면 어쩌나 싶어 온전한 순종에서 한 걸음
뒤로 물러서는 것을 의미한다.

구원하는 믿음은 전부를 거는 것이다.

믿음, 넘어질 때 위를 바라보는 것

지금쯤 자신감을 잃기 시작했는가? 세상에 누가 절대 흔들
리지 않는 믿음으로 살 수 있는가? 어떻게 우리가 아브라함 같

은 영적 거인의 믿음을 이룰 수 있는가?

좋은 질문이다. 아브라함은 흠 없는 믿음의 삶을 살지 않았다. 아브라함의 믿음에 관한 바울의 설명에서 내가 가장 좋아하는 부분이 바로 이 사실과 관련 있다. 그 부분에서 나타나는 바울의 통찰은 다음과 같다.

믿음은 넘어질 때 위를 바라보는 것이다.

믿음은 우리가 약속을 어길 때도 하나님은 약속을 지키실 줄 믿는 것을 의미한다. 로마서에서 바울은 아브라함의 전기를 간헐적으로 전하면서 아브라함이 "믿음이 없어 하나님의 약속을 의심하지 않고"라고 말한다(롬 4:20). 하나님이 처음 약속을 주신 직후에 아브라함이 중대한 실수를 저지른 것을 생각하면 좀 이상한 평이다. 아브라함은 겁을 먹었다. 그는 하나님의 공급하심을 믿지 못하고 애굽으로 후퇴했다. 거기서 바로가 자신의 아내에게 관심을 보이자 아브라함은 하나님을 믿지 못하고 바로가 자신을 죽이고 아내를 빼앗아 갈까 봐 두려워 아내를 자신의 누이라고 소개했다. 아브라함이 아내를 지키지 못하고 비겁한 모습을 보인 탓에 하나님이 직접 사라를 구해 주셔야 했다(창 12:10-20).

여기서 끝이 아니다. 몇 년 뒤 아브라함은 다른 왕 앞에서 똑같은 짓을 다시 저질렀다. 불쌍한 사라! 하나님은 아브라함의 비겁함으로 인해 벌어진 상황에서 사라를 다시 구해 내셔야 했다(창 20:1-18). 또 아브라함은 아들을 주시겠다는 하나님의 약속을 끝까지 믿지 못하고 결국 하나님을 '돕기' 위해 여종을 통해 자식을 보았다. 이는 더없이 불의한 분산투자였다.

바울은 이 모든 사실을 알고서도 아브라함이 "믿음이 없어 하나님의 약속을 의심하지 않고"라고 말한다. 이유가 무엇일까? 믿음이라는 것이, 절대 넘어지지 않는 것보다도 넘어질 때 어디를 보느냐와 더 관련 있다고 바울은 이해했기 때문이다.

아브라함은 넘어졌다. 하지만 자신의 실수가 하나님의 약속을 무위로 돌릴 수 없다는 확신으로 다시 일어섰다.

> 대저 의인은 일곱 번 넘어질지라도 다시 일어나려니와(잠 24:16).

당신이 마트에서 일곱 번 넘어지는 사람을 따라간다고 해 보자. 처음에 당신은 그를 부축해서 일으켜 세울 것이다. 아마 두세 번까지 부축해 줄 것이다. 그가 네 번째 넘어지면 구급차를 불러야 한다. 일곱 번 연속으로 넘어진 사람은 무조건 병원에서 치료를 받아야 한다.

잠언은 의인도 계속해서 넘어진다고 말한다. 이 정도면 외출을 삼가야 하지 않을까? 하지만 핵심은 이것이다. 의인은 언제나 다시 일어나 하나님을 바라본다. 의인은 절대 넘어지지 않는 모습이 아니라, 넘어질 때 어디를 보는지를 통해 자신의 의를 증명해 보인다.

아브라함이 하나님께 이렇게 말하는 것을 상상해 볼 수 있다. "하나님, 또다시 넘어졌어요. 하지만 주님의 약속은 변함이 없으니 얼마나 감사한지 모르겠습니다. 제가 넘어지지 않는다는 조건으로 약속을 주신 것이 아니어서 얼마나 감사한지 모르겠습니다. 하나님, 제 믿음은 연약합니다. 하지만 주님은 약하시지 않습니다. 그래서 주님의 약속은 확실합니다."

이것이 의롭다 여김을 받는 믿음이다. 나는 항상 넘어진다. 하지만 내 완벽함으로 인해서가 아니라, 내 실수에도 불구하고 하나님이 반드시 약속을 지키실 줄 믿는다. 그리스도인의 삶은 믿음으로 시작되고 지탱되며 완성된다. 단, 그 믿음은 신앙의 여행을 완성할 수 있는 내 능력이 아니라, 나를 위해 그리고 나를 통해 이 여행을 완성해 주시겠다는 하나님의 약속에 대한 믿음이다.

이제 당신이 답할 차례

설교자들은 사람들에게 이런 질문을 자주 던진다. "당신이 오늘 죽어서 하나님께서 '내가 너를 왜 천국에 들여보내야 하느냐?' 물으시면 뭐라고 답하겠는가?" 우리는 오늘 죽을 수도 있다는 생각은 절대 하지 않는 듯하다. 케케묵은 질문이지만 고려해 볼 만한 가치가 큰 질문이다. 당신은 뭐라고 답하겠는가?

많은 사람이 이런 식으로 대답할 것이다. "저는 선한 사람이기 때문입니다." "저는 최선을 다했기 때문입니다." "저는 항상 믿음대로 살려고 노력한 신실한 그리스도인이기 때문입니다."

하지만 구원하는 믿음의 소유자라면, 언제나 "예수님이 ~이시기 때문입니다"라고 답할 것이다. 그의 대답은 절대 "내가"로 시작되지 않는다. 왜일까? '나'로 시작되는 대답은 언제나 예수님에 대한 믿음이 아니라 자신의 노력에 대한 믿음을 드러내기 때문이다. 구원하는 믿음은 이생과 내세에 대한 소망을 예수 그리스도께만 두는 믿음이다.

이 질문에 대한 대답을 보면 구원하는 믿음을 지녔는지 알수 있다. 젊은 시절 영접 중독자였던 나는 나 자신이 구원받을 만큼 죄인의 기도를 충분히 드렸는지 혹은 충분히 깊이 슬퍼하고 충분히 강하게 결단했는지에 관해 더 이상 걱정하지 않게 되었다. 그것은 바로 구원하는 믿음을 얻었기 때문이다. 이 믿음을 얻으면 당신도 원치 않는 상황이나 실수에도 전혀 흔들리지 않는 확신으로 살 수 있다. 이생이 어떻게 펼쳐지고 내세에 자신이 어떻게 될지에 관한 걱정에서 해방될 수 있다.

하나님이 왜 당신을 천국에 들여보내야 하는가?

"예수님이 내 죄를 위해 돌아가시고 부활하심으로 그분의 의를 내게 주셨기 때문입니다."

이것이 내 답이다. 이는 아브라함의 답과도 일맥상통한다.

자, 당신의 답은 어떤가?

받아들일 때만 유효하다

예수님이 죄인들을 위해 행하신 모든 일과 당신에게 제시하시는 모든 것을 어떻게 받을 수 있는지 상기시키면서 이번 장을 마무리하고자 한다. 그 방법은 간단하다. 그냥 받기만 하면 된다. 하지만 예수님의 희생을 우리 자신의 것으로 받아들이지 않으면, 그 모든 희생이 우리에게 아무런 소용이 없어진다.

최근 역사상 가장 기이한 대법원 사건을 소개한 글을 읽었다. 피고 조지 윌슨은 여러 건의 강도 행각과 "한 우편배달부의 생명을 위험에 빠뜨린" 죄로 유죄판결을 받았다. 이는

1883년 당시 사형에 처해질 만큼 중한 죄였다. 역시나 윌슨은 교수형을 선고받았다. 그런데 앤드류 잭슨 대통령은 알려지지 않은 이유로 윌슨을 사면했다. 어찌된 일인지 윌슨은 역시 알려지지 않은 이유로 사면을 거부하고 죗값을 치르겠다고 고집을 부렸다. 교도소 소장은 윌슨에게 그가 사면받았기 때문에 그를 처형할 수 없다고 말했지만, 윌슨은 끝내 사면을 거부했다. 이 이상한 사건은 결국 대법원까지 올라갔다. 다음이 대법원이 내린 판결이다.

> 사면은 은혜의 행위다. …… 사면은 개인이 저지른 죄에 대해 법이 정한 형벌을 면하게 해 준다. …… 사면은 유효하기 위해 전달이 반드시 필요한 증서이며, 전달은 수용 없이는 마무리되지 않는다. 그러고 나서 증서는 거부될 수 있다. …… 거부되면 법정에서 그것을 강요할 권한은 없다.[3]

사면은 사면 대상이 그것을 받아들일 때만 유효하다. 하나님의 제시도 비슷하다. 하나님은 당신에게 사면을 제시하셨지만 조지 윌슨이 그랬듯 당신에게는 그것을 거부할 자유가 있다.

하지만 굳이 그럴 필요가 있을까?

하지만 사실일까?

잠시 멈춰 보자. 혹시 지금 이런 생각을 하고 있지는 않은가? '다 멋진 소리군. 하나님이 내 아버지시고, 내 죄가 용서를 받았고, 내가 부활해 영원한 행복을 누리게 될 거라고? 생각만 해도 가슴이 벅차오르는 소리긴 한데 아이언맨이나 와칸다, 네버랜드, 산타클로스 이야기도 다 그렇지 않아? 동화의 문제점은 '놀라운 이야기'가 아니라는 게 아니라, '사실'이 아니라는 거지. 좋아. 예수님 이야기가 좋기는 해. 하지만 그런 일이 한낱 바람이 아니라 실제로 일어난 건지 어떻게 알지?'

로마서의 앞부분으로 돌아가 보자. 거기서 바울은 자신이 기독교 복음을 믿을 뿐 아니라 왜 그것에 목숨을 걸었는지 설명한다.

바울은 로마서에서 처음 '복음'을 언급할 때 그 복음이 "부활하사 능력으로 하나님의 아들로 선포"되신 예수님에 관한 것이라고 말한다(롬 1:1, 3-4).

바울은 부활의 사건을 언급하면서 그 일이 특정한 예언들에 따라 수많은 증인들 앞에서 일어난 실제 역사적 사건이라고 주장한다(고전 15:1-9). 바울을 비롯한 사도들과 초기 그리스도인들은 그 일이 실제로 일어났다는 주장에 목숨을 걸었다.

바울은 고린도 교인들에게 쓴 편지에서, 예수님이 죽음에서 살아나셨다면 이 모든 것이 사실이고 만약 예수님이 부활하시지 않았다면 이 모든 것이 사기일 뿐이니 다른 영적 '해결책'을 찾아도 좋다고 권고한다(고전 15:19).

로마서에서 바울은 부활의 사실을 증명하는 데 많은 시간을 할애하지 않는다. 하지만 로마서보다 몇 년 전에 쓴 고린도 교회에 보낸 첫 번째 편지에서 그 일을 다룬다.

> 내가 받은 것을 먼저 너희에게 전하였노니 이는 성경대로 그리스도께서 우리 죄를 위하여 죽으시고 장사 지낸 바 되셨다가 성경대로 사흘 만에 다시 살아나사 게바에게 보이시고 후에 열두 제자에게와 그 후에 오백여 형제에게 일시에 보이셨나니 그중에 지금까지 대다수는 살아 있고 어떤 사람은 잠들었으며 그 후에 야고보에게 보이셨으며 그 후에 모든 사도에게와 맨 나중에 만삭되지 못하여 난 자 같은 내게도 보이셨느니라(고전 15:3-8).

바울은 자신의 주장을 증명하기 위해 초기 증언의 두 가지 측면을 강조한다. 빈 무덤과 많은 목격자의 수가 그것이다. 특히, 그 목격자들의 대다수는 바울이 글을 쓰던 당시에 살아 있었다.

세계적인 신학자 N. T. 라이트는 이 두 가지 사실(빈 무덤과 목격자들)이 '합쳐져' 부활의 중요한 증거를 형성한다고 말한다. 빈 무덤만 있고 목격자가 없으면 회의론자들은 시신이 도난을 당했다고 결론 내릴 것이다. 목격자만 있고 빈 무덤이 없다면 회의론자들은 목격자들이 기만당한 것이라는 결론을 내릴 것이다. 하지만 두 가지가 합쳐지면 강력한 증거를 이룬다.

더욱 최근에 일부 비판자들은 '가장 초기의' 신자들이 실제로 예수님의 육체적 부활을 믿지 않았다고 추정한다. 그들은 초대 교인들이 자신들의 권위를 강화할 필요성을 느끼면서 '부활'에 관한 전설이 서서히 형성되었다고 말한다. 결국 놀라운 기적은 신뢰성을 높여 준다. 비판자들은 "예수님이 우리의 마음속에 살아 계신다"라는 메시지가 차츰 "예수님이 육체적으로 부활하여 빈 무덤을 떠나 중인들에게 나타나셨다"로 변형되었다고 추정한다.

이런 논리의 문제점은 간단하다. 그것은 바울이 고린도 교회에 보낸 편지(앞에서 인용한 부분)가 예수님이 돌아가신 뒤 불과 20년밖에 되지 않은 AD 53년에 기록되었다는 점이다(세속 학자들도 바울이 고린도 교회에 쓴 편지의 연대나 바울이 그 저자라는 사실에 대해서는 이의를 제기하지 않는다). 매우 초기의 이 편지에서 바울은 예수님의 육체적 부활에 관한 믿음이 널리 퍼져 있다는 점을 지적한다. 나아가, 그는 초대 교인들이 부활에 관해 흔히 불렀던 실제 찬송가를 인용한다. 이는 부활에 관한 믿음이 매우 일반적이어서 그리스도인들이 부활에 관한 노래를 지어 교회에서 부르기까지 했다는 뜻이다. 기독교에 극도로 회의적인 학자인 게르트 뤼데만도 고린도전서 15장 3절에서 바울이 인용한 이 찬송가가 십자가 사건 이후 "2년" 내에 쓰였을 가능성이 높다고 말한다.

한마디로 전설이 형성되기에는 너무 이르다는 것이다. 허구가 아무런 제지 없이 형성되기에는 실제 현장에 있었던 사람들이 너무 많이 살아 있었다.

이렇게 생각해 보라. 나스카(NASCAR; 미국스톡카경주협회)의 전설 데일 언하트가 '데이토나 500'이라는 카 레이싱의 마지막 바퀴를 돌다가 사망했던 순간을 기억할지 모르겠다. 당시는 2001년이었다. 혹시 그 사건을 직접 보았는가? 그렇다면 누군가가 주변 모든 사람에게 이렇게 말하고 다닌다고 해 보자. "언하트는 사실 그날 부활했어. 트랙에서 바로 살아났지. 차에서 걸어 나와 트랙을 몇 번 돌고 나서 관중 쪽을 보며 주먹을 아래로 흔들었다고. 그러고 나서 불멸의 3번을 들었고, 순간 3번 차가 기적적으로 땅에서 뜨더니 저 하늘로 슝 하고 날아가 버렸지 뭐야."

반박할 영상이 없다 해도 분명 당신은 이렇게 말할 것이다. "거짓말! 나는 그날 세 시간 내내 텔레비전을 뚫어져라 쳐다봤어. 상황을 다 봤는데 그런 일은 일어나지 않았어." 혹은 이렇게 말할 수도 있다. "내 지인의 친구가 그날 현장에 있었어. 그런 일은 없었대. 아니면 현장에 있었던 15만 명 중 아무한테나 물어봐. 그런 일은 없었다고 할 거야." '하늘을 나는 3번 이론'을 믿는 어수룩한 이들도 몇 명은 있을지 모른다. 하지만 대다수는 고개를 내저을 것이다.

고린도전서 15장에서 바울은 사실상 이렇게 말한다. "내 말이 의심스럽다면 현장에 있던 사람들에게 물어보라. 그런 사람들이 무수히 많다. 그들이 여전히 살아 있다. 그들은 살아 계신 그리스도를 보았다. 우리 중 많은 이들이 그분을 함께 보았다."

내가 이 점을 지적하는 것은, 기독교의 기적적인 주장들이 예수님에 관한 이야기가 한 세대에서 다음 세대로 전해지는 과정에서 아무도 감지하지 못할 정도로 조금씩 허구의 살이 붙은 결과라 말하는 회의론자들이 부쩍 늘어났기 때문이다. 신학에 관한 회의론자인 바트 어만은 파티에서 흔히 하는 '옮겨 말하기' 게임에서 사실이 왜곡되는 것과 같은 방식으로 부활의 신화가 형성되었다고 말한다.[1] 이것은 모든 사람이 둥글게 둘러앉아 한 사람이 다른 사람에게 어떤 사실을 몰래 속삭이는 식으로 반복하면서 첫 번째 사람까지 돌아오는 게임이다. 마지막에 사실이 완전히 와전된 것을 밝히면 한바탕 폭소가 터져 나온다. "펀치 음료 볼(bowl) 옆에 있는 예쁜 아가씨에게 춤을 추자고 말했다"라는 말이 "볼링장에 있는 아가씨에게 뚱뚱하다고 말했다가 강펀치를 맞았다"라는 식으로 와전된다(펀치 음료란 물, 과일즙, 향료에 포도주나 다른 술을 넣어 만든 음료를 말한다-옮긴이).

어만은 그리스도인들이 수 세대를 거치면서 예수님 이야기를 그렇게 와전했다고 주장한다. 세대를 지날수록 이야기가 조금씩 초자연적인 방향으로 바뀌더니 급기야 나중에는 사도들이 처음 전한 메시지와 내용이 근본적으로 달라졌다는 것이다.

하지만 고린도전서 1장이 쓰인 시기만 고려해도 이 주장은 부적절하다. 그런 종류의 와전이 일어나기에는 시간 간격이 충분하지 않다! 바울은 이 메시지를 증명해 줄 수 있는 모든 첫 제자들과 부활의 목격자들이 아직 살아 있다고 말했다! 옮겨 말하기 게임 비유를 다시 사용하자면, 아직 한 사람도 거치지 않았다. 설령 한 사람을 거쳤다 해도 첫 사람이 다음 사람의 말을 듣고 와전된 부분을 실시간으로 바로잡을 수 있었다. 그래서 메시지가 한 바퀴 돌아 첫 사람에게 돌아와도 처음과 동일했을 것이다.

이 모든 상황을 종합하면, 바울이 로마 교회와 고린도 교회에 보낸 편지들은 예수님의 육체적 부활에 대한 믿음이 처음부터 초대 교회의 증언 중 일부였다는 사실을 의심의 여지 없이 증명해 준다. 이는 만약 부활이 사실이 아니라면 그들 모두가 환각에 빠졌거나 거짓말을 했다는 뜻이다.

회의론자들은 이렇게 말할지도 모른다. "이 전근대적인 옛 사람들이 부활을 너무 간절히 바란 나머지 환각에 빠졌던 거야." 바울의 대답은, 500명이나 되는 사람이 한꺼번에 환각에 빠져 같은 것을 보고 같은 이야기를 증언하는 경우는 거의 없다는 것이다.

회의론자들은 또 이렇게 말할 수 있다. "이 증인들은 그리스도의 부활을 믿기가 너무 쉬운 부류였어. 그들은 어수룩하고 미신적이어서 지극히 빈약한 '증거'를 맹목적으로 받아들였을 거야." 문제는 1세기의 종교적인 유대인들이 전혀 부활을 믿을 만한 부류가 아니었다는 점이다. N. T. 라이트는 1세기 유대인들이 죽었다가 살아날 구원자, 왕, '메시아'를 전혀 기대하지 않았다고 설명한다. 그들은 메시아를 고대했지만 굴욕과 처형을 당할 메시아는 상상조차 하지 않았다. 예수님의 행보는 그들의 예상과 너무도 달랐다. 오죽하면 그분을 믿고 싶은 사람들도 믿기 어려워했을 정도다(요한복음 20장 24-29절의 도마 이야기를 보라). 예수님의 부활은 그들의 기대를 이룬 것이 아니라 오히려 그들의 예상을 뒤엎는 사건이었다. 누구보다 종교적으로 열심인 유대인이었던 사도 바울도 원래는 예수님을 사기꾼이라 생각했다. 하나님의 메시아가 로마인들의 손에 치욕스럽게 죽는다는 건 바울에게는 있을 수 없는 일이었다. 반박할 수 없는 부활의 증거를 본 뒤에야 그는 겨우 마음을 바꾸었다(고전 15:8; 행 9:1-9).

회의론자들의 반박은 계속된다. "어쩌면 그 '증인들'이 새빨간 거짓말을 하고 있는 건지도 몰라. 솔직히 세상에 거짓을 위해서 사는 사람이 얼마나 많아? 심지어 거짓을 위해 목숨을 거는 사람도 있어. 초대 교인들은 사람들이 자신들을 믿게 하기 위해 '기적'이 필요했을 거야. 목적이 수단을 정당화한다는 생각으로 그런 짓을 꾸몄겠지."

이 이론의 문제점은 이렇다. 그들이 뭐하러 그런 거짓말을 퍼뜨리겠는가? 물론 많은 사람이 거짓에 목숨을 건다. 하지만 거짓인지 알면서도 퍼뜨리려면 뭔가 얻으려는 것이 있어야 한다. 돈이든 안전이든 정치권력이든 명성이든 여자든, 원하는 것이 있어야 한다. 하지만 부활하신 예수님을 보았고 그분이 주님이시라는 주장을 통해 사도들은 그런 것을 전혀 얻지 못했다. 오히려 그들의 증언은 정반대의 것들을 가져왔다. 그들 대부분은 가진 것이 없어서 먹고살기 위해 다른 직업을 가져야

했다. 그들은 행동과 생각의 정결을 강조했고, 자신들의 삶으로 그런 정결의 본을 보였다.

다시 말해, 그들은 역사 속의 사이비 리더들처럼 수많은 여자들을 거느리기 위해 사도의 권위를 사용하지 않았다. 그들은 정치권력이나 명예를 얻기는커녕 오히려 잔혹하게 처형을 당했다. 열두 사도 중 열한 명은 증언을 철회하지 않은 죄로 처형을 당했고, 나머지 한 명(요한)은 펄펄 끓는 기름에 던져졌다가 외딴 섬에서 유배 생활을 했다. 그들 모두는 그럴 만한 가치가 있다고 주장하며 기꺼이 죽음을 향해 걸어갔다. 그것은 죽음에서 살아나신 예수님을 보았고, '그분과 영원히 함께 사는 삶'(영생)이 그 삶을 위해 버린 것들보다 낫다는 사실을 알았기 때문이다. 어떤가? 거짓을 위해 공모한 사람들처럼 보이는가? 그들이 스스로 뻔히 아는 거짓을 위해 모든 것을 기꺼이 포기하고 죽음까지 감내했다는 것이 말이 되는가?

가진 것도 배운 것도 없는 이 오합지졸의 첫 제자들은 결국 로마제국의 절반이 그리스도의 부활을 믿도록 설득시켰다. 온 제국을 뒤엎고 세상을 뒤흔들고 역사의 물줄기를 바꿀 만한 일이 실제로 일어난 것이 분명하다. 아무리 봐도 기독교의 시작에 관한 다른 설명들은 첫 그리스도인들이 자신들의 행동에 대한 이유로 제시한 설명보다 훨씬 설득력이 없다. 나 말고도

많은 학자들이 그렇게 판단하고 있다. 예수님은 실제로 죽음에서 살아나셨다.[2]

진짜와 가짜

이 인터미션을 마치기 전에 부활의 증거를 기적에 관한 다른 한 종교의 주장과 비교해 보면 좋을 듯하다. 초기 기독교의 증언이 얼마나 완벽한지 새삼 느낄 수 있을 것이다. 자신의 권위를 강화하기 위해 기적적인 힘을 주장한 종교 지도자들은 역사 속에서 꽤 흔하다. 하지만 부활에 관한 기독교의 주장은 본질적으로 다르다. 때로는 가짜를 보면 진짜를 알아보기가 더 쉽다.

예를 들어, 모르몬교의 창시자 조셉 스미스의 주장에 관해 생각해 보자. 그는 1823년 9월에 천사의 도움으로 모르몬교 교리의 핵심 진리들을 보여 주는 금판 세트를 발견했다고 주장했다. 나중에 그는 자신이 본 것을 번역했고, 그것이 모르몬경이 되었다. 여덟 사람이 금판을 든 요셉을 보았다고 주장했다. 심지어 그들은 그런 내용을 담은 법적 진술서에 서명까지 했다. 그 주장으로 인해 그들은 미국의 일부 지역들에서 매우 나쁜 평판을 얻었고, 결국 목숨을 부지하기 위해 도망쳐야 했다.

표면적으로 이것은 예수님이 죽음에서 살아나셨다는 주장과 비슷해 보인다. 모르몬교에도 개인적인 큰 위험을 감수하면서까지 뭔가를 증언한 목격자들이 있었다. 하지만 조금 더 깊이 파헤쳐 보자.

여덟 명의 중인들은 '육체로가 아니라 환상 중에' 금판을 보았다고 주장했다. 금판을 보지 못한 세 사람(올리버 코더리, 데이비드 휘트머, 마틴 해리스)은 오직 믿음을 통해서만 그것을 볼 수 있다는 말을 들었다. 그들이 마침내 그 금판을 '보았을' 때, 스미스가 금판을 번역했다고 하는 방에서가 아니라 다른 사람들과 떨어져 숲에서 금식하며 환상을 기다리고 있었다. 거기서 그들은 간절하고 겸손한 기도를 통해 하나님께 금판의 환상을 보여 달라고 요청했다. 그중 마틴 해리스는 기도해도 금판을 보지 못하자 떠나갔고(그는 자신이 문제라고 생각했다), 나머지 두 사람은 계속해서 기도했다. 결국 그들은 금판을 들고 있는 천사를 보았다.

나중에 조셉 스미스는 해리스를 위한 특별 기도회를 열었고, 마침내 해리스도 금판을 '보게' 되었다. 얼마 뒤 다른 여덟 사람도 비슷한 과정을 통해 금판을 보았다고 말했다. 단, 이번에도 역시 환상 중에 보았을 뿐이다.

이 이야기는 예수님을 보았다는 사도들의 주장과 사실상

전혀 닮지 않았다. 사도들은 예수님을 환상 속에서가 아니라 실제로 보고 그분의 육체를 만지고 그분과 함께 식사를 했다고 주장했다. 모르몬교의 창시자들과 달리, 사도들 대부분은 이런 경험을 '추구하지' 않았으며 많은 사도들이 예수님을 처음 보았을 때 믿지 못했다! 사도들 대부분은 어딘가로 가거나 목숨을 구하기 위해 도망치거나 방에 함께 숨어 있는 중이었다. 예수님이 갑자기 나타나셨을 때 그들은 전혀 그분을 찾고 있지 않았다. 예수님은 많은 무리 앞에 갑자기 나타나기도 하셨다.

부활에 관한 사도들의 주장과 금판에 관한 모르몬교의 주장에서 볼 수 있는 마지막 차이점은, 조셉 스미스를 제외하고 전부는 아닐지라도 많은 초기 증인들이 모르몬교를 떠났다는 점이다. 일부는 파문을 당했다. 자신들이 압박 속에서 이야기를 지어냈다고 실토하고서 자발적으로 떠난 이들도 있었다(이런 식으로 기적에 관한 주장이 과장되거나 조작되는 경우가 다반사다).[3]

17세기 철학자 블레즈 파스칼이 했다고 하는 옛 격언이 생각난다. "나는 목이 잘리는 증인들을 믿는다." 이 부분에서 사도들과 모르몬교 창시자들은 결정적인 차이가 난다. 후자는 자신들의 신앙을 버렸다. 하지만 전자는 끝까지 신앙을 지켰고 그들의 끝은 거의 대부분이 무시무시하고 수치스러운 죽음이었다.

목숨을 걸어야 하는 강력한 진리라서

부활의 증거를 이 짧은 인터미션보다 훨씬 더 철저하고 설득력 있게 제시한 책들이 많다. 더 많은 자료를 읽고 싶다면 찾아보길 바란다. 여기서 내 목표는 단순히 예수님이 육체적으로 부활하셨다는 사실이 기독교에 얼마나 중요한지 보여 주는 것이다. 그리스도인들은 처음부터 자신들의 바람이 아닌 역사적인 사실에 소망을 두었다. 부활의 증거는 당신이 생각하는 것보다 훨씬 더 강력하다.

독일 역사학자이자 신학자인 볼프하르트 파넨베르크의 다음 말은 참으로 옳다. "예수님의 부활에 대한 증거는 너무 강력해서 단 두 가지 이유가 아니라면 아무도 의문을 제기하지 않을 것이다. 두 가지 이유는 이렇다. 첫째, 그것은 매우 드문 사건이다. 둘째, 그 사건을 사실로 믿으면 사는 방식을 바꾸어야 한다."

많은 사람들에게는 후자(부활이 사실이라면 사는 방식을 바꾸어야 한다)가 걸림돌이다. 3장에서 진리를 억누르는 사람들이 있다고 말한 것을 기억하는가? 여기서도 같은 심리가 작용한다. 부활이 사실이든 아니든 관심이 없어서 부활의 증거를 자세히 들여다보지 않는 이들이 있다. 사실, 정확히 말하면 그들은 부활이 사실이기를 '바라지 않는다.'

하지만 하나님의 존재와 역사 속 그분의 사역에 마음을 열고 그분을 따를 준비가 되어 있는 사람들에게는 증거가 있으며, 그 증거는 매우 설득력 있다.

예수님은 살아 계신다. 실질적으로, 육체적으로 살아 계신다. 이 사실로 인해 바울은 로마서에서 그분을 "부활하사 능력으로 하나님의 아들로 선포되[신] …… 우리 주 예수 그리스도"시라고 말한다(롬 1:4). 그분이 죽은 자 가운데서 살아나셨다면 그분의 정체성, 그분이 하신 일, 그분이 당신과 나를 위해 하실 수 있는 일에 관한 성경의 기록은 다 사실이다.

자, 이제 본론으로 돌아가자.

7

종교는 기본적으로 다 똑같다?

포용성
Inclusion

그런즉 자랑할 데가 어디냐
있을 수가 없느니라.
로마서 3장 27절

포트 로더데일에서 노스캐롤라이나 주 샬럿으로 가는 심야 비행기 탑승 구역에는 나 말고 두 사람밖에 없었다. 한 사람은 최소한 여든은 되어 보이는 어르신이었고, 다른 사람은 20대 초반의 아리따운 아가씨였다. 당시 나는 젊은 총각이었기 때문에 내 발이 저절로 그 아가씨에게로 향했다. 그녀의 이름은 베르타였다. 베르타는 하버드대학교(Harvard University) 학생으로 학교로 돌아가는 중이었고, 나는 캠벨대학교(Campbell University)를 막 졸업한 상태였다. 그래서 둘 사이에 통하는 것이 있으리라 생각했다.[1]

비행기가 날아오르고, 우리는 서로의 삶에 관한 대화를 나누기 시작했다. 나는 예수님이 내 인생을 송두리째 바꾸셨으며 이제 나는 평생 다른 사람들에게 그분을 전하면서 살 거라고 말했다. 베르타는 우수에 찬 깊은 눈으로 나를 보며 말했다. "알다시피 하버드에는 세상에서 가장 열정적이고 지적인 사람들이 가득하죠. 하지만 그곳에서 삶에 관해 이토록 강한 확신과 목적의식으로 말하는 사람은 한 번도 못 봤어요. 정말 대단해요."

나는 속으로 쾌재를 불렀다. '야호! 이 아가씨가 예수님을 믿은 다음, 나와 결혼을 하는 거야. 사람들이 베르타를 어떻게 만났냐고 물으면 이 이야기를 해 주는 거지.'

우리는 비행기가 운행하는 내내 예수님에 관한 이야기를 이어 갔다. 비행기가 하강하기 시작하자 쐐기를 박는 편이 좋겠다고 생각했다(어디까지나 우리의 사랑이 아니라 예수님을 위해서). 용기를 내어 입을 열었다. "베르타, 예수님을 구주로 영접하시겠어요?"

하지만 그녀는 두 번 생각하지도 않고 바로 고개를 내저었다. "아니요…… 그런 건 저랑 맞지 않아요. 예수 안에서 평강을 찾으셨다니 참 잘된 일이에요. 하지만 저는 다른 방식으로 제 신과 관계를 맺을 거예요."

"하지만 베르타, 예수님은 요한복음 14장 6절에서 그분만이 하나님께로 가는 유일한 길이라고 말씀하셨어요. 예수님은 우리 스스로 마련할 수 없는 구원의 길을 마련해 주셨어요. 예수님은 내게만 맞는 길이 아니에요. 베르타, 예수님은 모두에게 유일한 길이세요."

"설마…… 하나님께로 가는 길이 하나밖에 없다는 말을 하는 건 아니죠?"

나는 바로 그 말이라고 대답했다. 심지어 내가 읽고 있던 요한복음의 말씀을 손으로 가리켰다.

"그런 오만하고 편협한 말은 난생처음 들어 보네요. 요즘에도 하나님께로 가는 길이 하나밖에 없다고 생각하는 고집불

통이 있다니, 믿을 수가 없군요."

나는 무슨 말을 해야 할지 몰라 가만히 앉아 있었다. 머릿속으로는 이미 베르타와의 결혼 계획까지 세웠는데…… 그때 곧 착륙한다는 기장의 음성이 흘러나왔다. 순간, 묘안이 떠올랐다.

"베르타, 이 비행기의 기장이 당신이 진리를 보는 것처럼 공항을 보지 않아서 얼마나 다행인지 몰라요."

"무슨 뜻이죠?"

"기장이 지금 이렇게 말한다고 생각해 보세요. '저 오만한 관제탑이 정말 꼴 보기 싫어요. 나더러 매번 자기가 좋아하는 저 좁은 콘크리트 활주로에 착륙하라고 하잖아요. 저건 저 녀석의 길이지 내 길이 아니에요. 나는 생각이 열린 조종사니까 오늘은 이 비행기의 기수를 시내 뱅크오브아메리카 건물 꼭대기에 안착시키는 방식으로 착륙을 시도하겠습니다.'"

베르타는 고개를 흔들었다. "그건 적절한 비교가 아니에요."

"아니에요. 정확한 비교예요. 자, 이로써 캠벨대학교와 하버드대학교의 대결은 1 대 0입니다."[2]

한참 떠드는 중에 내가 자신의 믿음에 관해 묻는 사람들에게 "온유와 두려움으로" 대답하라는 사도 베드로의 지시를 무시하고 있다는 것을 깨달았다(벧전 3:15). 동시에 내 결혼식도 물건너갔다는 것을 깨달았다. 내 경솔한 말이 베르타가 복음의 메시지를 받아들이는 데 또 다른 걸림돌이 되지 않았기를 간절히 바란다. 하지만 그 비교가 적절하다는 생각만큼은 지금도 변함이 없다.

다들 쉬쉬하는 말을 나는 공개적으로 인정하고 싶다. 기독교는 배타적이다. 그것은 그리스도께서 제시하시는 구원이 진짜이기 때문이다. 샬럿공항에 착륙하는 비행기들에 제시하는 콘크리트 활주로만큼이나 진짜다. 진짜 하나님이 진짜 사람이 되어 우리의 진짜 죄를 위해 진짜 십자가에서 죽으셨고, 우리의 영혼에서 진행 중인 죽음의 진짜 저주를 풀기 위해 진짜 무덤에서 일어나셨다. 기독교는 주관적인 취향이나 자기 계발 전략이 아니다. 기독교는 진짜 문제를 지닌 진짜 사람들을 위한 진짜 구원의 길이다.

베르타처럼 오늘날 많은 사람이 이 주장에 거부감을 보인다. 그들은 배타적인 주장은 분열, 교만, 정죄의식, 심지어 폭력으로 이어진다고, 그런 주장이 없으면 우리의 세상이 더 좋아질 것이라고 말한다. "그러니 뭐든 네가 원하는 대로 믿어. 다만 네 구원의 길이 유일한 길이라는 말은 하지 마." 그들은 하나같이 그렇게 말한다.

이번 장에서는 '모든' 종교적 주장, 심지어 세속적인 주장들도 다 '본질적으로' 배타적이라는 점을 보여 주고자 한다. 하지만 복음은 다르다. 복음의 배타성은 다른 세계관들의 배타성과 달리 배척이 아닌 포용으로 이어진다. 이것이 바울이 로마서 3장 말미에서 전하는 요지다.[3]

모든 관점은 결국 배타적이다

하나님에 관한 모든 시각을 받아들이는 것이 '열린 태도'라고 생각할지 모르겠다. 하지만 궁극적으로 그런 시각은 다른 시각만큼이나 배타적이다. 40년간 인도 선교사로 섬겼던 신학자 레슬리 뉴비긴은 모든 종교가 동일하다는 점을 주장하기 위해 사용되는 인도 코끼리 우화의 문제점을 지적함으로써 이 점을 증명해 보였다.

그 비유는 이렇다. 몇몇 시각장애인이 코끼리가 있는 구덩이에 떨어진다. 거기서 그들은 자신들이 무엇을 맞닥뜨렸는지에 관해 논쟁을 벌이기 시작한다. 한 사람은 엄니를 잡고서 "이건 창이야"라고 말한다. 다른 사람은 꼬리를 잡고서 "아니야, 이건 밧줄이야"라고 말한다. 또 다른 사람은 코끼리의 옆구리를 느끼면서 "벽이군"이라고 말한다. 마지막 사람은 귀를 잡고서 "이건 부채야"라고 주장한다. 여기서 교훈은 우리는 어둠 속에서 더듬고 있는 시각장애인들이고 하나님은 코끼리라는 것이다. 우리는 편협하고 독단적인 태도를 버리고 마음을 넓게 열어야 한다.

뉴비긴의 설명에 따르면, 문제는 이 우화의 화자(話者)가 다른 사람들에 대해서는 부정하는 내용을 자신에게 적용하고 있다는 것이다. 즉 그는 자신만큼은 코끼리 전체를 본다고 주장한다.[4] 각 시각장애인이 부분만 본다는 것을 그 사람이 알 수 있는 유일한 길은 전체를 보는 것뿐이다. 다른 사람들에 대해서는 부정하는 것을 자신에게만 적용하는 것은 좀 부당하지 않은가.

마찬가지로, 종교에 상관없이 모든 선한 사람이 천국에 간다는 말은 열린 태도처럼 들린다. 하지만 이 말은 은근히 배타적이다. 모든 '선한' 사람이 천국에 간다면 '선하지 않은' 사람들은 '배제하는' 것 아닌가? 그리고 '선한' 것을 누가 정의하는가? 필시 '당신'이 정의할 것이다. 그리고 필시 당신의 '선한 사람들' 목록에는 적들을 잡아먹거나 자식들을 죽이는 사람들은 포함되지 않을 것이다(이 두 가지 일이 역사상 다양한 문화권에서 흔히 행해졌음에도 말이다). 당신이 어떤 기준을 정하든 '안에 있는 사람'과 '밖에 있는 사람'이 나뉠 수밖에 없다. 당신의 '선한' 사람들 목록에는 남들을 판단하는 사람들은 제외되는가? 동성애자들이나 자동차 뒤창에 전미총기협회(NRA)[5] 스티커를 붙인 자들은 제외되는가? 요지는, 모든 관점이 결국 배타적이라는 것이다.

하지만 복음은 "포용적인" 배타성을 낳는다.[6]

복음의 포용적인 배타성

종교적인 세계관들은 우리를 다른 사람과 충돌하게 한다. 각자 자신들을 '선한' 공동체로 내세우기 위해 경쟁하기 때문이다. 하지만 복음은 우리가 우리의 내재적인 선이나 우리의 문화, 우리의 관점 때문에 구원을 받는 것이 아니라, '모두'를 위해 돌아가신 구주를 믿고 받아들임으로써 구원을 받는다고 말한다. 구원은 전적으로 은혜로 받는 선물이다.

"그런즉 자랑할 데가 어디냐"(롬 3:27). 바울은 도덕적 우월감에 대해 이렇게 묻는다. 그리고 스스로 답한다. "그런 것은 배제된다." 이유는 이렇다. "무슨 법으로냐 행위로냐 아니라 오직 믿음의 법으로니라." 자신이 선행으로 구원받지 않았다는 것을 알면 다른 사람들 앞에서 자랑할 것이 하나도 없다. 그래서 옛 찬송가는 이렇게 노래한다.

죽으신 구주밖에는 자랑을 말게 하소서.

보혈의 공로 입어서 교만한 맘을 버리네.[7]

십자가는 교만을 어리석어 보이게 한다. 진정으로 중요한 성적표에서 우리는 낙제점을 받았다. 예수님이 우리의 죄를 위해 죽으셔야 했던 십자가를 올려다보면서 다른 사람들의 죄를 내려다보며 그들을 경멸할 수는 없다.

세상에는 오직 한 가지 종류의 죄인(멸망할 수밖에 없는 절망적인 죄인)과 오직 한 가지 구원의 길(주 달려 죽은 십자가)만 존재한다. 따라서 "할례자(종교적인 사람)도 믿음으로 말미암아 또한 무할례자(비종교적인 사람)도 믿음으로 말미암아 의롭다 하실 하나님은 한 분이시니라"(롬 3:30). 바울은 이 사실로 인해 차별이 불가능해진다고 말한다. 옛말처럼 십자가 발치의 땅은 평평하다. 우리 모두는 '밖에' 있고, 복음은 '모든 사람'에게 각자의 선함이 아니라 그리스도의 후하심에 따라 '안에' 들어올 기회를 제공한다. 우리가 그분께 받아들여지는 것은 우리 안에 있는 것이 아니라 그분 안에 있는 것을 통해서다.

따라서 기독교의 차별점은 배타성이 아니라 '포용성'에 있다. 모든 세계관은 배타적이지만, 기독교는 파격적인 포용으로 이어지는 세계관이다. 팀 켈러의 표현을 빌리자면 "모든 종교는 배타적이지만 기독교는 세상에서 가장 포용적인 배타성을 지닌다." 교회사를 공부해 보면 복음이 수 세기 동안 논란의 중심에 섰던 것은 누구를 배제했느냐가 아니라 누구를 포용했느냐 때문이었다. 궁금하면 확인해 보라.

약 150년 전 영국의 목사 C. H. 스펄전은 복음이 종식시킨 영국 내 세 가지 유형의 교만을 규명했다. 그 교만들은 극심한 사회적 분열을 낳았다. 당시만큼이나 오늘날에도 이런 교만을 알고 경계할 필요가 있다.

인종의 교만

많은 사람이 자신의 인종적·문화적·국가적 정체성에 대해 우월감을 느끼고 있다. 바울 시대에 유대인은 자신들이 유대인이라는 사실을 자랑했고 로마인도 자신이 로마인이라는 사실을 자랑했다. 오늘날에도 백인, 흑인, 미국인, 히스패닉, 유럽인 등이 각자 콧대를 세우고 있다. 물론 자신의 문화를 즐기는 것은 전혀 잘못이 아니다. 아니, 그것은 적절한 일이다. 하나님은 다양한 문화를 그분 문화의 만화경으로 창조하셨다. 문제는 문화가 우리의 주된 정체성이 되는 것이다. 문제는 문화가 우리를 다른 사람들과 구별시키는 요인이 되는 것이다.

그럴 때 분열과 인종 갈등이 나타난다. 각 문화는 자신의 명예나 순수성을 옹호하는 데 집중하게 된다.

복음은 사실상 세상에는 같은 문제(죄)와 하나의 소망(예수님)을 공유하는 한 인종(인간)밖에 존재하지 않는다는 가르침으로 이런 자랑의 싹을 잘라 버린다.

바울은 이 진리를 몸소 경험하고 이해했다. 아마 역사상 1세기 유대인보다 자신의 인종에 더 많은 자긍심을 느낀 인종 집단도 없을 것이다. 일단, 유대인은 모든 인종 중에서 하나님의 계시를 받는 집단으로 선택받았다. 하나님의 선지자들은 모두 유대인 중에서 나왔고, 그들의 문화는 하나님이 주신 직접적인 명령 위에서 형성되었다. 다른 한편으로, 그들은 포위와 핍박을 받는 민족이었다. 그래서 그들은 로마의 지배 아래서 단합할 수밖에 없었다. 그들은 자신들의 유산에 큰 자긍심을 가졌고, 핍박 속에서 자신들의 역사적 정체성에 의지했다.

하지만 바울은 자신의 유대 출신을 자랑스러워하면서 자랐음에도 그리스도 안에서의 정체성에 비해 자신의 민족적 정체성이 "배설물"과도 같다고 고백했다(빌 3:8). 사실, 여기서 "배설물"은 몹시 순화한 번역이다. 이에 해당하는 헬라어는 "스쿠발라"로, 학자들은 이 말을 아이들이 사용하면 비누로 그 입을 씻어 냈을 정도의 단어였다고 한다! 바울이 자신의 민족적 정체성을 더 이상 중시하지 않았다는 뜻은 아니다. 단지 예수님을 아는 것의 가치에 비하면 그 정체성이 훨씬 덜 중요해졌다는 뜻이다.

　예수님께 믿음을 둔다고 해서 우리의 문화적 정체성이 사라지는 것은 아니다. 그 정체성을 경시하거나 부인할 필요도 없다. 역사를 통해 형성된 우리의 시각과 취향은 하나님이 그분의 영광을 드러내기 위해 사용하시는 다이아몬드의 면들과 같다. 하나님은 유대인에게 이방인처럼 행동하라거나 이방인에게 유대인처럼 행동하라고 말씀하시지 않는다. 흑인 신자에게 백인 신자처럼 행동하라고 하시지 않는다. 다만 하나님은 우리 모두에게 '하나님 나라의 백성'을 '가장 중요한 첫 번째' 정체성으로 삼고, 각자의 문화적 유산을 멀리 떨어진 부차적 정체성으로 여기라고 말씀하신다.

　그리스도인들이 이런 이상에 따라 살지 못할 때가 많아 너무도 안타깝다. 내가 속한 '부족'(유럽 혈통의 미국인들)은 우리의 자유만 주장하고 다른 인종 출신들의 자유는 부인함으로써 사회에 깊은 상처를 입혔다. 그리고 정말 안타깝게도 미국 기독교의 선배들은 자신의 편협한 언행을 정당화하기 위해 성경 구절들을 남용했다. 하지만 그들은 복음으로 '인해서'가 아니라 복음에도 '불구하고' 그렇게 한 것이었다. 그것은 그들이 복음을 너무 문자적으로 받아들인 결과가 아니라, 자신들의 편의대로 복음의 일부를 무시한 결과였다.

얼굴의 교만

얼굴의 교만은 자신이 '아름다움, 재능, 부, 성취' 때문에 다른 사람들과 구별된다는 생각에서 비롯한다. 우리는 이런 것에 대한 공이 오로지 자신에게 있다고 생각한다. 아름다운 여성은 단순히 자신의 용모가 다른 사람보다 낫다고 생각하지 않는다. 자신의 아름다움으로 인해 자신이 다른 사람보다 나은 '사람'이라고 생각한다. 성공한 사업가는 단순히 자신이 하나님께 받은 재능과 기회를 잘 활용한 것이라고 생각하지 않는다. 자신의 내재적 우월성으로 인해 자신이 다른 사람보다 나은 '사람'이라고 생각한다.

하지만 우리의 성취를 조금만 신중히 돌아보면 우리 스스로 선택하지 않은 이점들이 우리의 성취에 미친 영향을 인정할 수밖에 없다. 우리의 재능은 부모에게서 물려받은 것이다. 이런 유전자는 우리가 선택하지 않은 것이다. 우리의 성공에 도움이 된 건강이나 사회적 환경에는 우리가 영향을 미치지 못하는 요소들이 많다. 당신이 현재의 자리에 오르기 위해 쏟아부은 노력을 무시하려는 것이 아니다. 다만 우리가 당연하게 여기는 것들이 많다는 말이다. 만약 우리가 소말리아의 작은 마을에서 장애를 지닌 아이로 태어나 고아로 컸다면, 과연 지금 우리가 가진 모든 것을 이룰 수 있었을까? 따라서 여기에 교만의 여지는 없고 감사의 이유만 있을 뿐이다.

더 중요하게는, 우리가 가장 큰 노력을 쏟아붓고 가장 뿌듯하게 여기는 이 땅에서의 성취도 진정으로 중요한 한 가지 장애물을 극복하는 데는 아무런 쓸모가 없다. 그 장애물은 영생을 얻는 것이다. 하나님의 인정을 받는 일에서는 우리의 가장 빛나는 성취조차 (바울의 표현대로라면) 스쿠발라에 불과하다.

은혜의 교만

스펄전은 교만 중에서도 가장 음험한 교만이 은혜의 교만이라고 했다. 이것은 '종교적' 성취로 인해 우리가 다른 사람들보다 낫다는 생각이다. 물론 은혜의 교만만큼 모순적인 표현도 없을 것이다. 하지만 우리의 마음은 너무도 쉽고 빠르게 그런 교만에 빠진다.

성경은 은혜를 떠나서는 우리의 아무리 선한 노력도 하나님께 "더러운 옷"과 같다고 가르친다(사 64:6). 여기서 이사야가 사용한 단어는 한센병 환자가 자신의 벌어진 상처를 싸매기 위해 사용한 누더기처럼 '병균이 묻은' 혹은 '더럽혀진' 옷을 의미한다. 하나님이 우리를 왜 그분의 나라에 들여야 하느냐고 물으실 때, 우리가 그분 앞에 피와 고름이 잔뜩 묻은 누더기 옷을 내려놓는다고 상상해 보라. 이사야는 우리의 가장 의로운 행위조차 이런 더러운 옷과 같다고 말한다. 최상의 행위에도 여전히 죄가 덕지덕지 붙어 있다. 그래서 바울은 이렇게 말한다. "의인은 없나니 하나도 없으며 …… 모든 사람이 죄를 범하였으매 하나님의 영광에 이르지 못하더니"(롬 3:10, 23).

복음의 요지는 그리스도 안에서 하나님이 '우리가 받을 자격이 없는 것'을 주신다는 것이다. 우리는 스스로 얻은 의가 아니라, 그리스도 안에서 받은 의 덕분에 의인으로서 하나님 앞에 설 수 있다.

당신이 그리스도인이라면 그것은 당신이 다른 사람보다 낫기 때문이 아니다. 당신이 더 논리적이거나 역사에 밝아서 그리스도에 관한 진리를 발견한 것이 아니다. 바울은 성령의 도우심 없이는 아무도 그리스도의 주 되심을 깨달을 수조차 없다고 말한다(고전 12:3). 바울은 빌립보 교인들에게 예수님을 따를 마음과 능력이 '모두' 하나님이 주시는 선물이라고 설명한다(빌 2:13). 그리스도인의 여정은 처음부터 끝까지 은혜의 여정이다. 여기서 교만의 여지는 있을 수 없다. 오직 겸손한 감사의 이유만 있을 뿐이다.

그리스도인의 소망은 전적으로 은혜에 있다. 우리의 차별점은 우리의 민족이나 성취, 선행이 아니다. 그것은 바로 은혜, 은혜, 은혜다. 그러니 자랑, 교만, 분열은 있을 수 없다. 이 모든

것은 '배제된다.'

십자가, 파격적인 포용을 낳다

포용성을 표방하는 사회는 우리 사회가 처음이 아니다. 로마는 종교적인 포용주의를 철저히 실천한 나라였다. 역사학자들은 종교에 관해 로마에 사실상 하나의 기본적인 법밖에 없었다고 말한다. 그것은 당신의 신이 유일한 신이라고 말하지 말라는 것이다. "아무 신이나 원하는 대로 숭배하라. 다만 당신의 신이 유일한 신이라는 주장은 하지 말라. 그렇게 하는 것은 당신이 종교계를 통제하려는 것이기 때문이다. 아무 신이나 원하는 대로 숭배하되 규칙을 정하는 것은 로마에 맡기라."

한마디로, 로마는 코끼리 전체를 보는 화자였다. 2세기 로마 황제 하드리아누스는 로마제국 전역의 신들을 한데 모아 만신전(萬神殿)을 지었다. 이는 자신의 제국에 모두를 위한 자리가 있음을 보여 주기 위한 제스처였다. 로마는 영원한 도시였고, 로마 황제는 "하나님의 아들, 만왕의 왕이요 만주의 주"로 추앙받았다.[8]

일부 기독교 교단들은 기독교 역사 초기에 로마 황제 중 한 명이 그리스도인들과 좋은 관계를 유지하기 위해 만신전에 예수상을 놓을 자리를 제시했다고 주장한다. 그때 그리스도인들은 환호했을까? "잠깐! 유대 작은 지방의 벽촌에서 일어난 늙고 보잘것없는 우리를 로마에서 공식적으로 승인해 준다고? 우리의 신이 명예의 전당에 오른다고? 이 얼마나 큰 영광인가!"

한참 잘못 짚었다. 그들은 예수님을 많은 신들 가운데 한 신으로 세울 수 없다고 말했다. 기독교는 여러 구원의 길이 가득한 뷔페 속에 있는 하나의 길이 될 수 없다. 그들은 목숨을 걸고서 다른 어떤 신도 예배할 가치가 없고 다른 어떤 종교 속에도 구원이 없다고 주장했다. 그들은 "천하 사람 중에 구원을 받을 만한 다른 이름을 우리에게 주신 일이 없"고 오직 한 이름에만 구원이 있다고 외쳤다(행 4:12).

이런 믿음이 분열, 분쟁, 우월감으로 이어졌는가? 정반대다. 베일러대학교(Baylor University) 사회학자 로드니 스타크는 로마제국에서 기독교가 그토록 빨리 성장한 이유 중 하나로, 로마제국 전체에서 교회가 다른 계급, 인종, 문화가 함께 어우러질 수 있는 "유일한" 곳이었다는 사실을 꼽는다.[9] 로마 '문명화' 프로젝트의 한 부분은 다양한 문화권의 사람들을 데려와 거대한 도심 지역에서 함께 살게 만드는 것이었다. 하지만 다양한 부류가 함께 살자 오히려 인종 분쟁, 사회 계급, 문화적 긴장만 심화되는 결과를 낳았다. 하지만 교회에서는 옛 원수들이 용서하는 법을 배웠다. 사회적 적들이 형제요 자매로 나란히 앉았다. 사제들과 전직 창녀들이 십자가 발치에서 같은 자리에 앉았다. 로마의 '포용주의'는 철권통치와 핍박, 강제수용으로 이어졌다. 하지만 로마의 철권 아래서도 복음은 역사상 가장 포용적인 공동체를 만들어 냈다.

복음은 오늘날에도 똑같은 작용을 하고 있다. 회의론자들은 기독교를 서구 백인 중산층을 위한 종교로만 매도하려고 한다. 하지만 진실은 전혀 다르다. 중동의 한 운동에서 기원한 기독교는 이제 남미, 아프리카, 아시아에서 가장 빠른 속도로 성장하고 있다. 역사학자 마크 놀은 《복음주의와 세계 기독교의 형성》(*The New Shape of World Christianity*)에서 오늘날 주일마다 다음과 같은 상황이 벌어지고 있다고 말한다.

* 캐나다보다 케냐에서 더 많은 그리스도인이 교회에 출석한다.
* 우간다, 케냐, 탄자니아, 나이지리아에는 영국과 캐나다와 미국을 다 합친 것보다 많은 성공회 교인이 있다.
* 지난 주일 가나에서는 스코틀랜드에서보다 더 많은 장로교인이 교회에 모였다.

* 현재 브라질은 영국이나 캐나다보다 더 많은 해외
  선교사를 파송하고 있다.
* 1970년 중국 전역 어디에도 합법적으로 기능하는
  교회는 없었다. 하지만 현재 중국에서 신앙생활을 하는
  교인 수는 미국을 초과하는 것으로 추정된다.
* 한국의 가장 큰 교회에서 한 번의 예배에 참석하는 교인
  수가 캐나다의 10대 교회를 다 합친 것보다 많다.

그렇다면 로마는? 그토록 포용을 외치던 로마는 역사상 가장 피비린내 나고 가장 잔혹하고 가장 제국주의적인 왕조 중 하나가 되었다. 로마는 시퍼런 칼날을 들고, 남에 대해서는 부정하는 내용을 자신에게는 버젓이 적용하는 코끼리 우화의 화자 역할을 유지해야 했다.

기독교는 어디서도 볼 수 없는 독특한 포용적 배타주의를 제시한다. 나는 여러모로 다른 그리스도인과 다르다. 우리는 각자 다른 것들을 좋아하고 모든 질문에 대해 다른 시각을 갖고 있다. 하지만 우리는 가장 깊은 정체성 안에서 두 가지로 묶여 있다. 첫째, 우리는 다 하나님께 반역한 죄인이다. 둘째, 우리는 다 나사렛 출신의 신인(神人)께 구원받았다. 이 사실은 모든 교만과 분열을 와해시키고 겸손 안에서 우리를 하나로 묶어

준다.

당신은 어떤가? 당신의 '자랑'은 무엇인가? 그것이 복음이 아니라면 분열로 이어질 것이다. 그것이 복음이고 그 복음의 진리가 당신 마음 깊이 뿌리를 내리면, 외부인을 진정으로 환영할 수밖에 없을 것이다. 십자가는 모두를 환영하고 모두를 존중하고 아무도 경시하지 않는 파격적인 포용을 낳는다.

베르타! 혹시 이 책을 읽고 있나요? 비행기가 샬럿공항의 그 좁은 활주로를 달리는 동안 내가 해 주고 싶은 말이 바로 이거였어요!

8

예수 믿는 사람들은 왜 하나같이 힘들어 보일까?

씨름
Struggle

내가 원하는 바 선은 행하지 아니하고
도리어 원하지 아니하는 바 악을 행하는도다.
로마서 7장 19절

로버트 루이스 스티븐슨의 유명한 소설에서 지킬 박사는 모범 시민이다. 하지만 자기 안에 "이중성"이 존재하는 것을 발견하고 괴로워한다. 그의 안에 악한 부분과 선한 부분이 있는데, 악한 부분이 늘 선한 부분의 발목을 잡는 것이다. 마침내 그는 이 두 부분을 분리하는 약을 개발한다. 낮에는 선한 부분인 '지킬 박사'만 나오고 밤에는 악한 부분인 '하이드 씨'만 출현하도록 말이다. '하이드'(Hyde)라는 이름은 '끔찍한, 추악한'을 뜻하는 영단어 '히디어스'(Hideous)를 줄여 쓴 표현이다. 이제 지킬 박사와 하이드 씨는 서로의 방해를 받지 않고서 공존하게 된다.

그런데 지킬 박사 안의 악한 부분은 예상보다도 훨씬 악했다. 하이드 씨의 모든 생각은 철저히 자기중심적이다. 그는 악의와 미움으로 똘똘 뭉쳐 있으며 살인적인 분노로 끓어오르고 있다. "나는 생각보다 열 배는 더 악했다." 지킬 박사는 그렇게 말한다.

스티븐슨은 소설을 다음과 같이 마무리한다.

사람은 사실 하나가 아니라 둘로 이루어져 있다. …… 내 의식의 전장에서 싸우는 두 본성 중 어느 한 쪽이 나라고 말해도 틀리지 않은 것은, 둘 다 완벽히 나이기 때문이다.[1]

스티븐슨의 이야기가 로마서 7장에서 영감을 받은 것인지는 확실히 모르겠지만, 사도 바울 역시 자신을 다음과 같이 묘사하고 있다.

> 내가 원하는 바 선은 행하지 아니하고 도리어 원하지 아니하는 바 악을 행하는도다 만일 내가 원하지 아니하는 그것을 하면 이를 행하는 자는 내가 아니요 내 속에 거하는 죄니라 그러므로 내가 한 법을 깨달았노니 곧 선을 행하기 원하는 나에게 악이 함께 있는 것이로다(롬 7:19-21).

내 모습에 실망하다

그리스도인이라면 누구나 지금까지 자신이 어떤 신앙생활을 경험했으며 앞으로 어떤 신앙생활을 하고 싶은지를 요약한 인생 말씀을 하나쯤 갖고 있을 것이다. "우리가 알거니와 하나님을 사랑하는 자 곧 그의 뜻대로 부르심을 입은 자들에게는 모든 것이 합력하여 선을 이루느니라"(롬 8:28)와 "내게 능력 주시는 자 안에서 내가 모든 것을 할 수 있느니라"(빌 4:13) 같은 구절이 특히나 인기가 많다.

하지만 내게 딱 어울리는 구절은 로마서 7장 19절이다. 내 인생은 "의욕은 넘치나 결실은 적다"로 정리할 수 있다. 나는 지금까지 30년 넘게 그리스도인으로 살아왔지만 영적으로 얼마나 성숙하지 못한지 그저 답답할 따름이다. '어째서 나는 여전히 자제력이 부족할까? 어째서 나는 여전히 다른 사람들의 성공을 질투하는 마음을 버리지 못할까? 어째서 아직도 돈을 그토록 꽉 붙잡고 있을까? 어째서 필요하지도 않은 돈에 욕심을 부릴까? 어째서 내 입에서는 여전히 기도보다 험담이 더 자연스럽게 나올까? 어째서?'

이런 내게 로마서 7장의 바울의 고백은 생명 줄처럼 느껴진다. 바울처럼 위대한 사도에게도 그리스도인의 삶은 쉬운 승리의 연속이 아니었다는 사실이 내게 얼마나 큰 위로가 되는지 모른다. 이 사실을 늘 기억할 필요가 있다. 그렇지 않으면 우리는 얼마 가지 못해 낙심하여 백기를 들 수밖에 없다. '뭔가 뜻대로 되질 않아. 이 기독교라는 것이 나랑은 맞지 않나 봐. 아니면 아예 진짜가 아닐지도 몰라.'

'정상적인' 그리스도인의 삶은 끝까지 씨름을 계속한다. 물론 우리는 죄를 용서받았고 미래의 완성이 보장되었으며 우리 안에서 성령이 역사하고 계신다. 그럼에도 불구하고 우리는 여전히 몸의 "지체들"(혹은 부분들) 속에 악한 본성을 지니고 살아가고 있다(롬 7:23). 우리의 하이드 씨는 여전히 예전만큼 악하다.

바울은 자신의 마음을 이렇게 표현했다.

> 내가 행하는 것을 내가 알지 못하노니 곧 내가 원하는 것은
> 행하지 아니하고 도리어 미워하는 것을 행함이라 …… 내
> 속 곧 내 육신에 선한 것이 거하지 아니하는 줄을 아노니
> 원함은 내게 있으나 선을 행하는 것은 없노라(롬 7:15, 18).

바울은 마치 자신이 두 명 존재하는 것처럼 말하고 있다. 선을 행하기 원하는 바울이 있고 그와는 정반대로 행하는 다른 바울이 있다. 그의 육신의 자아, 즉 그의 악한 본성, 예수님께 구원받기 전의 그가 있고, 예수님을 사랑하고 그분께 순종하고 싶어 하는 그의 새로운 자아가 있다. 이 둘을 서로 분리시킬 약은 없기에 이 둘은 매일 종일 싸운다.

로마서 7장에서 바울의 상황을 팀 켈러는 '사실은 질 수가 없는 전쟁인데 이길 수 없을 것처럼 보이는 전쟁'으로 묘사한다. 이 상황에 소망이 있다. 이는 실로 놀라운 진리이니 안전벨트를 단단히 매기 바란다.

우리가 이길 수 없는 전쟁

바울이 이길 수 없다고 느낀 전쟁은 그의 육신적 '지체들'을 하나님의 법에 항복시키기 위한 전쟁이었다. 바울은 이렇게 탄식한다. "억지로 옳은 일을 하려 할수록 내가 정반대의 일을 얼마나 원하는지만 드러날 뿐이다. 나를 쳐서 순종하게 하려고 해도 내 마음은 변하지 않는다. 오히려 내 안의 악한 정욕을 더욱 부추길 뿐이다."

이어서 바울은 유대 지도자들의 반대를 예상해서 말한다. "바울, 하나님의 법이 나쁘다는 말이냐? 왜 항상 율법을 깎아내리느냐? 율법이 없으면 우리가 더 나아질 것처럼 말하는구나!"

바울은 "절대 아니다!"라고 대답한다. "율법이 아니었다면 나는 죄를 몰랐을 것이다." 율법은 우리가 얼마나 악한지 보여준다. 율법은 하나님이 원하시는 수준 근처에도 가지 못하는 우리의 실체를 보여 주는 거울과도 같다.

바울은 요지를 더 분명하게 전하기 위해 열 번째 계명을 예로 든다. "율법이 탐내지 말라 하지 아니하였더라면 내가 탐심을 알지 못하였으리라"(롬 7:7).

탐내는 것은 하나님이 우리에게 주신 것에 만족하지 못해서 남이 가진 것을 간절하게 원하는 것이다. 바울은 이렇게 말한다. "의롭고 건강한 마음은 탐내지 않는 마음이라는 사실을 하나님의 법은 말해 주었다. 하지만 평생 나는 다른 사람들의 경험, 재능, 성취를 원하고 그들의 가정, 평판, 부를 부러워했다."

이 계명과 씨름하기 전까지만 해도 바울은 자신이 썩 괜찮은 사람인 줄 알았다. 그는 간음을 저지르거나 돈을 훔치거나 사람을 죽이거나 이방 신상에게 절한 적이 없었으니 말이다. 하지만 "탐내지 말라"라는 열 번째 계명은 비수처럼 그의 심장을 찔렀다.

그 열 번째이자 마지막 계명에 순종하는 것은 '외적' 행동을 율법에 일치시키는 것과 상관이 없다. 그것은 다른 사람들을 향한 우리의 '내적' 태도에 관한 계명이다. 그리고 바울은 자신이 다른 사람들을 질투한다는 것을 깨달았다. 그는 다른 일부 계명들에 대한 불순종의 이면에 그런 탐욕의 영이 있다는 것을 이해하게 되었다. 예를 들어, 다음과 같다.

* 사람은 왜 훔치는가? 다른 사람이 가진 것을 탐내기 때문이다. 바울은 실제로 훔치지 않았을지 모르지만 분명 다른 사람들의 소유물을 탐냈다.
* 사람은 왜 거짓말을 하는가? 그것은 대개 진실을 있는 그대로 다 밝혀서는 얻을 수 없는 뭔가를 탐내기

때문이다. 그래서 그것을 얻기 위해 진실을 왜곡시킨다. 인정을 얻기 위해 특정한 것들을 과장하거나 자신의 잘못을 축소한다. 혹은 진실을 있는 그대로 다 밝혀서는 얻을 수 없는 지위나 이점을 얻기 위해 거짓말을 한다. 바울은 거짓말을 하지 않았을지 모르지만 그런 것을 탐냈다.

* 사람은 왜 간음을 저지르는가? 하나님이 주시지 않은 상대와의 육체적 관계를 탐내기 때문이다. 바울은 간음을 저지르지 않았을지 모르지만 결혼하지 않은 상대와의 성적 쾌락을 상상했다.

탐욕은 우리가 불순종할 때 우리 마음속에서 작용하는 주된 힘들 중 하나다. 탐하는 마음은 우리를 율법의 정신에 반하게 한다.

그래서 바울은 이 한 계명을 통해 자신이 하나님의 마음에서 얼마나 멀어져 있는지 보았다. 그때부터 삶이 더 괴로워지기 시작했다. 그의 말마따나 죄가 그의 속에서 살아났다. 자신의 마음이 얼마나 탐욕으로 가득한지 느끼자 하나님 앞에서 자신의 위치가 '더욱' 불안하게 느껴졌다. 이에 그는 자신이 다른 사람들보다 더 낫다는 점을 증명해 보이기 위해 더 미친 듯이 노력하기 시작했다. 그렇게 더 경쟁적으로 변했고, 이는 더 큰 탐심으로 이어졌다. "탐내지 말라"라는 계명은 그의 마음을 치료하기는커녕 정반대의 효과를 낳았다. 율법은 그의 마음을 드러냈고, 그 과정에서 상황을 더욱 악화시켰다.

감기에 걸려 아파 누워 있는데 누군가가 찾아와 이런 명령들을 내린다고 해 보자. "방을 정리해. 운동해. 기침을 그만해. 열이 나지 않게 해." 물론 건강한 사람이라면 쉽게 할 수 있는 일이다. 심지어 이중에는 건강한 사람에게는 노력하지 않아도 저절로 되는 일도 있다. 하지만 아픈 사람에게는 이런 '명령'을 지키려고 애쓸수록 상황은 더 악화될 뿐이다.

이런 상황은 바울이 어떤 율법, 계명, 굳은 결심도 자신을 고칠 수 없다는 사실을 깨닫게 했다. 자신의 마음을 율법에 일치시키기 위한 전쟁은 그 자신의 힘으로는 결코 '이길 수 없는' 전쟁이었다. 이 상황은 그를 복음에 주목하도록 했고, 거기서 그는 결코 '질 수 없는' 전쟁을 발견했다.

우리가 질 수 없는 전쟁

복음은 바울의 전장(戰場)을 근본적으로 바꾸어 놓았다. 복음은 예수님을 위해 싸우라는 동원령이 아니라, '예수님'이 그분의 백성들을 위해 이미 전쟁에서 이기셨다는 승리의 선포다. 이 복음을 통해 바울이 이길 수 없는 전쟁은 질 수 없는 전쟁으로 바뀌었다. 그리스도께서 이미 승리를 거두셨다. 이 승리가 믿음을 통해 이제 바울의 것이 되었다. 그리스도 안에서 바울은 새로운 피조물이 되었다.

그렇다고 바울의 옛 본성이 사라진 것은 아니었다.

> 우리가 율법은 신령한 줄 알거니와 나는 육신에 속하여 죄 아래에 팔렸도다 내가 행하는 것을 내가 알지 못하노니 곧 내가 원하는 것은 행하지 아니하고 도리어 미워하는 것을 행함이라(롬 7:14-15).

> 원함은 내게 있으나 선을 행하는 것은 없노라(롬 7:18).

> 그러므로 내가 한 법을 깨달았노니 곧 선을 행하기 원하는 나에게 악이 함께 있는 것이로다(롬 7:21).

이런 구절에서 바울은 회심 이전의 자아가 아니라, 독실한 그리스도인이자 사도인 현재의 자아를 묘사한 것이다. "원함은 내게 있으나." 여기서 보듯이 바울은 현재 시제로 말하고 있다.

바울은 그리스도 안에서 의로워지고 속량을 받고 거듭난 상태다. 하지만 그의 옛 본성이 여전히 그의 모든 선한 의도를 거부하고 있다. 하이드 씨를 억누르려고 해도 그자가 계속해서 그를 망쳐 놓고 있다.

하지만 동시에 바울은 그리스도 안에서 자신이 이미 궁극적인 승리를 거두었다는 사실을 알고 있다. 예수님은 십자가에서 그의 죗값을 완벽히 치르고 부활을 통해 죄의 모든 힘을 이기심으로 그의 구원에 대해 "다 이루었다"라고 선포하셨다. 이 현실을 이해하는 순간, 싸움에서 바울의 작전이 바뀌었다. 이제 그는 이렇게 말한다. "내 악한 탐욕이 더 이상 '내'가 아니라는 것을 안다. 그것은 내 옛 자아다. 내 죽은 자아다. 그것은 그리스도 안에서 새로워진 내가 아니다."

바람둥이로 살다가 결혼한 한 남자에 관한 이야기를 들었던 기억이 난다. 여기서는 그를 잭이라고 부르자. 그는 그리스도인이 된 뒤로 호색의 삶에서 돌아섰다. 그런데 얼마 뒤 출장을 갔다가 호텔에서 전에 함께 불륜을 저질렀던 유부녀가 자신에게 다가오는 것을 보았다. 그는 정중하게 자리를 벗어나려 했다. 하지만 여성은 그의 팔을 잡고 놓지 않았다. "잭, 왜 이래? 나야! 나라고!" 그러자 잭은 이렇게 말했다. "알아. 하지만 나는 더 이상 예전의 내가 아니야."

그리스도 안에서 우리는 새로운 피조물이다. 우리 안에 여전히 악한 옛 육신이 있기는 하지만, 동시에 그리스도 안에서 새로워진 새로운 자아가 있다.

이런 사고의 변화가 중요한 이유는 이렇다. 예수님을 영접한 뒤에도 다시 악한 옛 습관으로 돌아가면, 우리는 가슴을 치며 한탄하기 시작할 것이다. '아, 변한 게 하나도 없구나. 나는 여전히 악한 죄를 갈망하는구나. 나아질 수가 없구나.'

하지만 이것은 틀린 생각이다. 진실은 예수님이 이미 전쟁에서 이기셨기 때문에 이제 우리가 질 수 없는 전쟁 중에 있다는 것이다. 새로운 자아가 있다. 물론 우리는 여전히 죄와 싸울 것이다. 여전히 음험한 하이드 씨에게 굴복할 때가 있을 것이다. 하지만 미래의 승리는 이미 완벽히 확보되어 있다.

영국의 1941년 12월은 어두운 시간이었다. 제2차 세계대전에서 영국은 열세에 처해 있었다. 온 국민이 매일같이 독일 침공의 공포 속에서 살았다. 그러다 12월 7일 일요일 아침, 독일의 동맹인 일본이 진주만을 공격하자 미국 대통령 프랭클린 루스벨트는 영국 수상 윈스턴 처칠에게 이렇게 말했다. "이제 우리 모두는 같은 운명입니다." 나중에 처칠은 자신의 회고록에 이렇게 썼다. "내가 미국이 우리 편이라는 말을 듣고 더없이 기뻤다고 말해도 잘못되었다고 생각할 미국인은 없을 것이다.

영국은 살아남을 것이다. 영국은 살아남을 것이다. 이제 압도적인 힘을 적절히 배치하기만 하면 된다. 그날 밤 나는 침대에 누워 구함을 받았다는 사실에 감사하며 단잠을 잤다."

"압도적인 힘"이 자신의 편이라는 확신은 처칠의 태도를 절망에서 희망으로 바꿔 놓았다. 그 전쟁에서 표면적으로 변한 것은 아무것도 없었다. 히틀러는 여전히 공세를 늦추지 않고 있었다. 하지만 처칠은 압도적인 힘의 약속에서 비롯한 승리의 확신으로 인해 안도했다.

그리스도의 완성된 사역, 부활, 성령의 은사는 구원을 통해 우리에게 약속된 압도적인 힘이다. 그래서 바울은 "오호라 나는 곤고한 사람이로다 이 사망의 몸에서 누가 나를 건져 내랴"(롬 7:24)라고 탄식하고 나서 곧바로 이렇게 선포하며 기뻐할 수 있었다.

> 우리 주 예수 그리스도로 말미암아 하나님께
> 감사하리로다(롬 7:25).

매일 다시 복음으로!

자, 이제 생각해 보자. 어떻게 그리스도인이 '이길 수 없는 전쟁' 중에 있다는 절망감을 '질 수 없는 전쟁'이라는 소망으로 매일같이 바꿔 나갈 수 있을까?

다음 장에서 이 질문에 대한 답을 더 자세히 풀어놓겠지만 여기서 스포일러를 살짝 공개하겠다. 우리는 그리스도의 승리에 관한 소식을 매일 다시 믿으면서 복음의 승리를 경험한다.

로마서 6장에서 바울은 죄와 씨름하느라 힘겨워하는 신자에게 이렇게 말한다.

> 이와 같이 너희도 너희 자신을 죄에 대하여는 죽은 자요
> 그리스도 예수 안에서 하나님께 대하여는 살아 있는 자로
> 여길지어다(롬 6:11).

여기서 "여기다"는 바울이 전에 사용했던 그 헬라어 "로기조마이"다(롬 4:5). 이 책의 6장에서 우리는 이 단어의 의미를 살펴보았다. 바울은 우리가 죄를 없애 주겠다는 하나님의 약속을 처음 믿는 순간, 하나님이 우리를 의롭게 '여기셨다'(credited)고 설명했다. 이것은 회계 용어로, 어떤 것을 보면서 다른 것으로 여긴다는 뜻이다.

우리 안에서 여전히 죄가 살아 날뛰는 것을 느껴도 우리는 자신이 이미 죄에 대해 죽은 것으로 여겨야 한다. 그럴 때 하나

님은 새로운 생명의 힘을 우리 안에 불어넣으신다. 우리가 부활했다고 믿으면, 하나님은 우리 안에 부활의 능력을 불어넣으신다. 여기서 바울은 정신적인 기술이나 긍정적인 사고의 힘을 말하고 있는 것이 아니다. 우리가 복음을 다시 믿을 때, 하나님은 그리스도인의 삶을 살기 위한 부활의 능력을 우리 안에 풀어놓으신다. 기독교에서는 믿음이 성장의 비결이다.

이것이 1장에서 복음이 단순히 기독교의 출발점이 아니라고 말한 이유다. 복음은 단순히 풀장 속으로 뛰어들기 위한 다이빙대가 아니다. 복음은 풀장 자체다. 그리스도의 완성된 일을 믿으면 죄의 형벌에서 해방되는 것처럼, 그 일을 계속해서 믿으면 죄의 통제력에서 해방된다. 루터가 말한 것처럼, 그리스도인의 삶에서 전진이란 언제나 다시 처음으로 돌아가 시작하는 것을 의미한다. 복음의 기본들로 돌아가는 것이다. 복음은 그리스도인의 모든 능력이 흘러나오는 원천이다.

죄와의 씨름, 더 깊은 은혜로 이끌다

혹시 이런 생각을 하고 있는가? '꼭 이래야만 하는가? 왜 하나님은 그분의 백성들이 죄와 씨름하게 놔두시는가? 왜 우리를 하이드 씨에게서 즉시 해방시켜 주시지 않는가?'

좋은 질문이다. 나도 확실한 답은 모른다. 하지만 한 가지 확실한 것은 하나님이 육신과의 계속된 씨름을 통해 그분의 은혜에 대한 우리의 감사를 더 깊게 하신다는 것이다. 바울에게 그러셨던 것처럼 말이다. "이 사망의 몸에서 누가 나를 건져내랴 우리 주 예수 그리스도로 말미암아 하나님께 감사하리로다." 우리가 이렇게 고백하는 법을 배우기 위한 유일한 길은 죄가 우리를 얼마나 철저히 망가뜨렸고 우리의 힘으로는 성공적인 그리스도인의 삶을 살기가 얼마나 불가능한지를 직접 경험하고 깨닫는 것이다.

예수님은 많이 용서받은 사람만이 많이 사랑한다고 말씀하셨다(눅 7:47). 이는 하나님이 죄와의 계속된 씨름을 통해 우리를 은혜 안으로 더 깊이 이끄신다는 뜻이다. 그렇게 은혜 안으로 깊이 들어갈 때, 예수님을 향한 우리의 사랑이 더욱 깊어진다. 우리를 향한 하나님 사랑의 깊이를 알면, 우리 안에 그분을 향한 사랑이 뜨겁게 타오른다.

C. S. 루이스는 하나님이 우리가 교만과 현실 안주, 냉담 같은 가장 큰 죄에 빠지지 않도록 때로 작은 죄들과 씨름하도록 허락하시는 것처럼 보인다고 말했다. 우리가 죄와 전혀 씨름하지 않으면, 하나님의 은혜가 얼마나 절실히 필요하고 우리가 성령께 얼마나 의존하는지 잊어버리게 될 수 있다.

18세기 말, 유명한 찬송가 〈나 같은 죄인 살리신〉을 쓴 존 뉴턴은 80대가 되어서 한 친구에게 편지를 썼다. 그 편지에서 그는 하나님과 50년 넘게 동행한 그때쯤이면 어떤 유혹에도 굴하지 않고 완벽한 승리를 거둘 줄 알았다고 고백했다. 하지만 어떤 유혹들은 오히려 전보다 더 강하게 느껴졌다. "내 영성이 뭔가 잘못된 것인가? 내가 정말로 구원을 받은 것인가?" 그는 그런 고민에 빠졌다.

뉴턴은 하나님이 자신을 계속해서 은혜에 단단히 묶어 두시기 위해 이런 유혹과 씨름하게 하신다는 사실을 깨달았다.[2] 그는 은혜 안에서 진정으로 성장하는 것은 하나님의 은혜가 더 이상 필요해지지 않는 것이 아니라, 그 은혜가 얼마나 필요한지 더 깊이 깨닫는 것이라고 말했다.

우리가 바울과 함께 "나는 곤고한 사람이로다!"라고 한탄할 때만이 존 뉴턴과 함께 "나 같은 죄인 살리신 주 은혜 놀라워!"라고 노래할 수 있다.

내가 끈질긴 죄의 유혹과 씨름하지 않았다면, 내 악한 마음은 내가 예수님께 순종하는 일을 정말 잘한다고 결론 내렸을 것이 분명하다. 아이러니하게 들릴지 모르지만, 나는 내가 행한 순종 때문에 교만해졌을 것이다. 그리하여 전보다 상태가 더 나빠졌을 것이다. 아, 나는 저 하이드 씨가 싫다! 어서 이

악한 씨름에서 벗어나 저 천국에 가고 싶다! 하지만 지금 여기서 하나님은 죄와의 이 씨름을 통해 그분을 향한 감사를 더 깊이 있게 하신다. 죄와의 씨름은 나를 겸손하게 한다. 하지만 나는 절망에 빠지지 않는다. 하나님이 내 안에서 시작하신 일을 완성하실 것을 믿기 때문이다. 내가 이길 수 없는 전쟁의 한복판에 사는 동시에 내가 질 수 없는 전쟁 중에 있음을 확신할 때, 내 안에 겸손한 확신과 확신에 찬 겸손이 싹튼다. 바로 이것이 하나님이 원하시는 것이다.

그래서 바울은 로마서 7장을 두려움이 아닌 감사와 찬양으로 마무리한다. 자신은 약하지만 구주께서는 강하시다는 사실을 알기 때문이다.

이어서 바울은 미래의 승리를 보장하고 성장을 가능하게 하는 압도적인 힘을 우리에게 소개한다. 이 힘은 우리의 씨름을 끝내 주지는 않지만 그 씨름을 감당할 수 있게 해 준다. 이것은 지금 모든 그리스도인 안에서 작용하고 있는 힘이며, 그리스도인의 삶에서 가장 간과되고 있는 힘이다.

하지만 그 전에 먼저 한 가지 문제를 더 다루어야 한다. 이것은 때로 결승선 근처에서 사람들을 실족시키는 것이다. 그리스도인의 삶을 힘든 씨름으로 본다면, 그중에서도 이것은 많은 사람이 가장 힘들어하는 부분이다. 우리 안에서 이런 종류의 씨름이 계속되다 보면, 기독교에서 하는 말이 사실이 아닐지도 모른다는 생각마저 들 정도다.

성^性을 바라보는 기독교의 시각은?

로마서 1장으로 돌아가 보자. 우리가 하나님을 거부한 탓에 우리 삶의 모든 면이 부패했다(롬 1:24-32). 나는 이 책의 3장에서 그런 부패가 나타나는 몇 가지 영역을 나열했다. 하지만 눈치가 빠른 독자라면 내가 가장 극심한 논란의 중심에 서 있는 한 가지 영역을 빼먹었다는 점을 눈치챘을 것이다. 그것은 실수가 아니었다. 여기서 다루려고 일부러 놔둔 것이다. 그리스도에 대한 믿음은 우리의 정체성과 옳은 삶의 방식에 관한 우리 시각을 변화시킨다. 이제 이 점에 관해 충분히 생각해 봤으니 이 영역을 다룰 준비가 되었다. 우리 모두에게는 받아들여야 할 '새로운 나'와 버려야 할 '옛 나'가 존재한다.

우리가 3장에서 살펴보지 않은 부분은 다음과 같다. 여기서 바울은 죄가 우리의 성(性)에 미치는 영향 중 하나를 다룬다.

> 이 때문에 하나님께서 그들을 부끄러운 욕심에 내버려 두셨으니 곧 그들의 여자들도 순리대로 쓸 것을 바꾸어 역리로 쓰며 그와 같이 남자들도 순리대로 여자 쓰기를 버리고 서로 향하여 음욕이 불 일 듯하매 남자가 남자와 더불어 부끄러운 일을 행하여 그들의 그릇됨에 상당한 보응을 그들 자신이 받았느니라(롬 1:26-27).

바울의 이 말을 읽는 순간 이 책을 덮고 싶어졌을지도 모르겠다. 성에 관한 성경의 명령을 '패착'이라 부르는 것을 들은 적 있다. 이 부분은 너무 편협해서 기독교 신앙의 나머지 모든 것을 버리게 한다는 뜻이다. 많은 사람에게 성에 관한 성경의 가르침은 그런 요인이 된다.

이 책을 집어던지기 전에 최소한 우리 문화, 나아가 교회가 성경과 성에 관해 조장해 온 세 가지 오해를 다룰 기회만큼은 주기 바란다. 그런 다음, 나와 내가 오랫동안 알아 온 여러 사람이 이 문제로 인해 하나님을 찾는 길에서 돌아서지 않도록 도와준 한 가지 제안을 제시하고 싶다.

오해 1 인정하든 멀리하든 양자택일해야 한다?

누군가가 동성애자라고 밝히면 그를 인정하거나 멀리하거나, 두 가지밖에 선택 사항이 없다고 생각하는 사람이 많다. 상대방의 성적 선택을 받아들이지 않으면, 그를 인간 이하로 취급할 수밖에 없다는 것이다.

안타깝게도 교회 역시 이런 이분법을 채택해 왔다. 동성애자 자식과 의절한 부모나 학교에서 '그리스도인' 친구들에게 괴롭힘 당하는 동성애자 학생, 동성애자를 쫓아내는 교회에 관한 가슴 아픈 이야기가 얼마나 자주 들려오는가. 교회는

LGBT(레즈비언, 게이, 양성애자, 트랜스젠더)들을 사랑하고 섬겨 주어야 할 이들이 아니라 추방해야 할 정적(政敵)처럼 대할 때가 너무도 많았다.

예수님은 다른 접근법을 취하셨다. 그분은 아무리 인기가 없거나 반문화적인 발언이라 할지라도 언제나 진실만을 말씀하면서도 외부인들에게 친구가 되어 주셨다. 그분은 사람들에게 진실을 있는 그대로 이야기하면서도 언제나 그들을 가까이 이끌면서 말씀하셨다. 우리와 달리 그분은 옳지 않은 방식으로 사는 사람들을 밀쳐 내시지 않았다. 그분은 그들의 문제에 관해 묻고 그들의 집에서 식사를 하셨다. 그분은 사회에서 배척당하는 자들을 하늘 아버지의 형상에 따라 지음받은 존재로 귀하게 여기고 그들을 사랑하며 그들의 친구가 되어 주셨다.

이 오해 이면에는 또 다른 오해가 있다. 그것은 우리의 성적 성향이 곧 우리의 정체성이라는 것이다. 우리는 동성애자와 이성애자가 우리의 핵심적인 정체성인 것처럼 말한다. 하지만 복음은 다르게 말한다. 모든 사람은 '이마고 데이'(하나님의 형상)를 품은 남녀라고 말한다. 성경은 이것을 우리의 가장 중요한 정체성으로 제시한다. 따라서 (우리 자신을 포함한) 누구에 대해서도 취향이나 욕구를 정체성과 연결시키지 말아야 한다. 모든 사람은 하나님의 형상을 지님으로 인해 존중과 사랑을 받아 마땅하다. 우리 모두는 다 창조주께 반역했다. 가장 근본적인 차원에서 우리 모두는 같은 처지다.

이로 인해 우리는 인정하는 것과 멀리하는 것 중 하나를 선택할 필요가 없다. 예수님은 제3의 길을 보여 주셨다. 그것은 바로 은혜의 길이다. 그것은 상대방의 부패가 내 부패와 다를지 모르지만 그렇다고 해서 그와 내가 근본적으로 다른 것은 아니라는 사실을 깨닫는 것이다. 우리 모두는 같은 하나님의 형상으로 지음받은 동시에, 같은 근본적 문제점을 안고 있다. 그 죄의 문제점으로 인해 우리 모두는 같은 해법, 곧 구원을 필요로 한다.

두 번째 오해가 이 죄와 관련 있다.

오해 2 동성애는 최악의 죄다?

바울은 동성애를 망가진 마음의 유일한 열매가 아니라 여러 열매 중 하나로 꼽는다. 동성애는 하나님이 바라시는 대로가 아니라 내가 바라는 대로 하는 행동의 한 예다. 동성애는 하나님이 나에 대해 선포하신 정체성이 아니라 내가 되고 싶은 모습을 추구하는 것이다. 동성애는 하나님이 정해 주신 방식과 다른 방식으로 관계를 추구하는 것이다. 동성애 관계의 이면에는 다른 모든 죄와 같은 '근본적인 죄'가 있다. 그것은 바로 하나님의 바람 대신 내 욕구를 추구하고 내 의지를 하나님의 권위 위에 두려는 것이다. 이런 뿌리는 우리 모두의 마음속 깊이 묻혀 있다. 단지 이 뿌리가 '꽃을 피우는' 방식만 각자 다를 뿐이다.

로마서 1장에서 바울은 이 반항의 다양한 예를 제시한다. 예를 들어 기만, 자랑, 탐욕, 부모에 대한 불순종, 자연스럽지 못한 성적 욕구, 비방, 언약 파기 같은 것들이다. 사람마다 바울의 목록에 있는 죄 중에서 특히 더 자주 빠지는 죄가 있다. 하지만 상관없이 이 모두는 우상숭배와 반역이라는 동일한 독한 뿌리에서 비롯한 열매다.

분명히 말하건대 동성애 자체로 우리가 지옥에 가지는 않는다. 내가 그것을 어떻게 알 수 있을까? 그것은 우리가 이성애자라는 이유만으로 천국에 가는 것이 아니기 때문이다. 예수님을 삶의 주인으로 삼기를 거부하는 것이 지옥에 가게 되는 이유다. 그 반역이 어떤 형태로 표출되는지와는 상관이 없다. 성적 생활, 돈 사용, 권위에 대한 태도, 부모에게 말하는 태도, 이웃에 관해 말하는 방식 등 수만 가지 모습으로 이런 반역이 표출될 수 있다.

한때 레즈비언이었던 뉴욕 시러큐스대학교(Syracuse University) 문학 및 여성학 교수 로자리아 버터필드는 《뜻밖의 회심》(The

Secret Thoughts of an Unlikely)이라는 책에서 자신이 회심한 이야기를 전한다. 그녀는 바울이 로마 교회에 보낸 편지를 읽고서 자신의 성적 욕구를 넘어 그 이면의 근본적인 질문들을 보게 되었다고 말한다.

> 내 삶에서 무엇이 선한지 누가 결정하는가?
> 내 삶에서 누구 혹은 무엇이 주인인가? 내 욕구? 아니면 하나님의 말씀?

버터필드는 동성애가 하나님에 대한 반역의 핵심은 아니라고 말한다. 핵심은 하나님처럼 되려는 욕구다. 무엇이 선이고 악인지를 스스로 정하려는 욕구가 문제의 핵심이다. 버터필드는 그 뿌리에 교만이 있다고 말한다. "교만한 사람들은 항상 자신이 하나님과 다른 사람들 없이도 살 수 있다고 자신한다. 교만한 사람들은 뭐든 자신이 원하는 것을 원하는 때에 할 권리가 있다고 생각한다."[1]

버터필드는 궁극적으로 우리 모두가 똑같은 방식으로 그리스도께 나아온다고 말한다. 즉 우리는 반역을 회개하고(반역에서 돌아서고) 그리스도의 완성된 사역을 믿음으로써 그리스도께 나아간다(6장 내용을 기억하라).

베켓 쿡은 영화계에 종사하는 동성애자였다. 그는 로마서를 공부하다가 예수님을 영접했다. 그는 평생 "너 자신으로 살라"라는 말을 들어 왔다고 말한다. 하지만 성경에 따르면 그 '자아'는……

> 죄로 부패되어 있다. 그런데 왜 그 자아로 살아야 하는가?
> 이 개념은 자아를 높이라는 것이다. 이는 '자신'을
> '신'으로 삼으라는 의미를 함축하고 있다. 그것은 자신과
> 자신의 욕구를 동상 받침대에 올리고 숭배하는 것이다.
> …… 우상숭배나 다름없다. …… 나는 싫다. 나는 나를
> 따라 살기 싫다. 나는 하나님과 그분의 말씀에 따라 살고
> 싶다.[2]

LGBT에게 필요한 회개는 다른 모든 사람의 회개와 기본적으로 동일하다. "하나님, 제 욕구를 주님 뜻 위에 둔 것을 회개합니다. 저를 지으신 주님의 설계를 무시한 채 제 정체성을 정의하려고 한 것을 회개합니다. 무엇이 선한지를 제가 결정하려한 것을 회개합니다. 주님께 영광 돌리는 일이 아닌 제가 이룬 성취를 통해 만족을 얻으려 한 것을 회개합니다. 이제 예수님이 제 주인이신 것을 깨달았습니다. 주님께 제 삶의 모든 통제

권을 넘겨드립니다."

복음의 메시지는 "동성애자가 이성애자가 된다"가 아니라 "죽은 자가 살아난다"이다.

오해 3 타고났으면 끝이다?

이런 반박을 자주 듣는다. "대부분의 동성애자는 스스로 동성애자를 선택한 것이 아니다. 어느 순간 자신이 동성애자라는 것을 깨달았을 뿐이다. 하나님이 스스로 선택하지 않은 일에 대해 누군가를 벌주시는 것은 옳지 않다."

하지만 문제는 그리 간단하지 않다. 우리는 분노나 탐욕, 복수심 등 많은 본능적 충동을 잘못된 것으로 여긴다. 굴욕을 당한 사람이 자신의 명예를 회복할 길은 '명예 살인'밖에 없다고 말하면, 우리 대부분은 아무리 복수할 만하다 해도 그 충동을 억누르라고 말할 것이다. 요지는 동성애가 명예 살인에 비견할 만하다는 것이 아니다. 단지 욕구가 있다고 해서 그 욕구대로 행동할 권리가 있는 것은 아니라는 말이다.

성경은 우리 안에서 진리를 찾으라고 말하지 않는다. 우리의 개인적인 기질 속에는 하나님의 형상을 담은 아름다운 것들도 있지만 그곳에는 하이드 씨도 살고 있다. 우리는 순결하게 태어나지 않았다. 우리 모두는 죄 아래서 태어났고, 그로 인해 예수님은 우리 모두가 "거듭나"야 한다고 말씀하신다(요 3:3). 우리는 새로운 시작과 새로운 마음을 필요로 한다. 하나님이 사랑하시는 것을 사랑하는 마음이 필요하다. 그리스도를 구주로 믿는 것이 그 마음을 얻는 길이다. 복음을 받아들이면 죄를 용서받고 다시 태어난다. 하지만 8장에서 살폈듯이 당장 완벽한 변화가 이루어지지는 않는다. 기독교는 우리의 타고난 악한 욕구를 부인하고 그리스도의 능력으로 새로워지기 위해 평생 고군분투하는 과정이다. 우리가 마지막 구속을 기다리며 이 과정을 끝까지 견뎌 내면 그리스도께서 영광을 받으신다.

기독교 성 윤리, 모든 문화권에서 반감을 사다

바울이 로마 교회에 보낸 편지는 동성애가 악한 행위라고 분명히 말한다. 동성애는 엄연히 하나님의 설계에서 벗어난 죄다. 또 다른 편지에서 바울은 이렇게 말한다.

> 음행하는 자나 우상 숭배하는 자나 간음하는 자나
> 탐색하는 자나 남색하는 …… 자들은 하나님의 나라를
> 유업으로 받지 못하리라(고전 6:9-10).

이것이 21세기 서구에서 반문화적인 개념인 줄 잘 안다. 하지만 성경의 성 윤리는 각각 이유는 달랐지만 거의 모든 문화권에서 거부감을 일으켰다. 옛 사람들은 신약에서 일부일처제와 성 평등을 강조하고 예수님이 간음한 여성을 돌로 치지 않고 용서하신 것에 반감을 느꼈다(요 8:1-11). 물론 지금 우리는 이런 것을 당연한 것으로 받아들인다. 이렇듯 성경은 시대와 문화를 막론하고 모두의 반감을 산다.

청소년 시절에 동성에 대한 끌림을 경험했던 그리스도인 작가이자 강연자인 샘 올베리는 《왜 하나님은 내가 누구랑 자는지 신경 쓰실까?》(Why Does God Care Who I Sleep With)라는 책에서 이 문제를 이렇게 설명한다.

> 기독교 성 윤리는 모든 문화권에서 반문화적이었다.
> 이것을 이해하는 것이 중요하다. 기독교 성 윤리가
> 구식이라고 생각하기 쉽다. 하지만 이런 생각은 과거에는
> 성경의 가르침이 우리의 상식과 잘 맞아떨어졌다고
> 간주하는 것이다. 그렇지만 그런 적은 한 번도 없다. ……
> 성경의 가르침은 언제나 성과 결혼에 관한 모든 문화의
> 주된 측면들을 비판한다. 일부 측면들을 인정하면서도
> 말이다. 우리는 성경의 가르침을 보며 고개를 내젓는다.

'지금은 21세기잖아!' 하지만 그런 반응은 〔바울의 글을〕
읽는 로마제국의 사람들과 전혀 다르지 않다. ……
'지금은 1세기잖아!' 이유는 시대와 문화마다 다르지만 이
문제에 관한 기독교의 가르침이 인기 있었던 적은 한 번도
없다.[3]

동성애에 대한 바울의 접근법은 우리가 흔히 진보주의라
부를 만한 것도 아니요 보수주의라 부를 만한 것도 아니다. 그
는 동성애가 죄라는 사실을 부정하지 않는다. 그는 그것이 다
른 종류의 죄와 근본적으로 다른 것처럼 취급하지 않는다. 그
는 동성애와 성적 혼란을, 하나님을 거부하고 대신 다른 것들
을 숭배하기로 한 인간 마음에서 비롯한 부패의 여러 표현 중
하나로 지적하고 있다.

그러면 우리가 동성애자인 동시에 그리스도인이 될 수 있
는가? 이번에도 베켓 쿡이 이 문제를 잘 정리해 준다.

이것은 복잡한 문제이니 자세히 분석해 보자. 첫째, 우리가
동성애자라고 말할 때 무엇을 의미하는지 정의해야 한다.
동성애 행위를 회개하지 않고 지속적으로 하는 것을
의미한다면, 동성애자 그리스도인은 있을 수 없다. 하지만

동성애의 성적 성향은 있지만 그 성향에 따라 행동하지 않는 것을 의미한다면, 동성애 성향이 있는 그리스도인은 있을 수 있다.[4]

'예수님이 내 주인이신가'에서부터 풀어 가라

내가 이 주제를 처음 몇 장 이후가 아닌 여기에서 다룬 이유는 C. S. 루이스가 《순전한 기독교》(*Mere Christianity*)에서 말한 것처럼, 성 윤리가 아니라 예수님이 기독교 메시지의 핵심이기 때문이다.[5] 그리스도인이 되는 것은 예수님의 주 되심에 순복하는 것을 의미한다. 그분이 우리의 주인이시라면 우리가 다시 생각해야 할 것이 많다. 따라서 이 질문은 잠시 나중에 생각해도 된다. 예수님이 과연 내 주인이신가 하는 질문에 집중하라. 그분이 우리의 주인이시라면 거기서부터 하나씩 문제를 풀어 가면 된다. 그분이 도와주실 것이다.

샘 올베리는 통찰력 깊은 글로 자신의 책을 마무리한다.

〔기독교는〕주로 우리가 생식기로 무엇을 하고 하지 말아야 하는지에 관한 메시지가 아니라(물론 그 문제도 중요하긴 하지만), 궁극적으로 누구에게 마음을 주고 어디에서 가장

깊은 사랑의 경험을 찾을지에 관한 메시지다.[6]

기독교의 핵심은 예수님이다. 따라서 그분과 함께 이 인터미션을 마치는 것이 옳다. 우리는 예수님이 이 땅에 계시는 내내 성적인 죄에 빠진 자들을 매우 불쌍히 여기신 것을 볼 수 있다. 한번은 종교 지도자들이 간음한 여인에게 막 돌을 던져 죽이려 하고 있었다(요 8:3-11). 그때 예수님은 그 여인에게 개인의 성적 선택에 대해 남이 관여할 바가 아니라고 말씀하시지 않았다. 반대로, 그녀를 영구 제명하시지도 않았다. 그분의 꾸지람은 그녀가 아닌, 그녀를 정죄하는 자들에게로 향했다. 그분이 그녀에게 하신 말씀은 그분께 기꺼이 순복하여 나아오는 모든 이들에게 주시는 말씀이다.

나도 너를 정죄하지 아니하노니 가서 다시는 죄를 범하지 말라(요 8:11).

9

'영적'으로 산다는 것은 무엇인가?

성령
Spirit

이는 그리스도 예수 안에 있는 생명의 성령의 법이
죄와 사망의 법에서 너를 해방하였음이라.
로마서 8장 2절

오늘날 미국에서 가장 빠르게 성장하는 종교 분야는 '영적이되 종교적이지 않은' 분야다. 점점 더 많은 사람들이 종교 조직들에 등을 돌리고 있다. 하지만 그들도 삶에 영적인 측면이 있다는 개념을 부정하지는 않는다. 지난 몇 년간 이루어진 설문조사들을 보면, 자신의 세계관을 '영적이지만 종교적이지는 않은' 것으로 여기는 미국인의 비율이 40퍼센트 이상 증가한 반면, 스스로를 '종교적인' 사람으로 여기는 사람의 비율은 11퍼센트 하락했다('둘 다 아니다'라고 답한 사람의 수는 증가하지 않고 꾸준히 6퍼센트대를 유지하고 있다).

세계 최대 종교인 기독교 입장에서 이는 비관적인 소식처럼 들린다. 하지만 꼭 그렇지만은 않다. 교회사 연구가 브루스 셸리 박사에 따르면, 기독교는 언제나 영적인 종교, 곧 성령의 종교였다.[1] 기독교의 핵심에 관한 바울의 설명에서 '성령 안에서의 삶'은 매우 중요한 주제다. 따라서 우리는 이 주제에 관해 잘 알아야 한다. 그리스도인, 아니 진정한 그리스도인이 되는 것은 매우 깊은 영적 경험이다. 따라서 자신을 영적인 사람으로 여겨 교회에서 경험한 무미건조한 의식주의나 도덕적 잔소리가 아닌 새로운 뭔가를 찾아 교회를 떠났다면, 당신을 위한 희소식이 있다. 바울은 기독교의 본질을 '하나님과의 연합'으로 묘사하고 있다. 기독교는 하나님과의 법적 화해만이 아니라, 그분의 성령을 통한 그분과의 '관계적' 연합이다.

실제로 바울은 그 성령과의 교제가 우리가 진정한 그리스도인인지 아닌지를 결정하는 잣대라고 말한다(롬 8:9). 바울에게는 '성령 안에서의 삶'이 곧 그리스도인의 삶이다. 바울은 갓 시작된 로마 교회에 성령과의 교제가 "생명과 평안"으로 가는 길이라고 말하고(롬 8:6), 젊은 제자 디모데에게는 성령을 통해 능력과 사랑과 절제의 삶을 살 수 있다고 말한다(딤후 1:7). 나아가 예수님은 제자들에게 자신이 그들 곁에 남아 있는 것보다 그들 속에 성령이 계신 것이 더 낫다는 말씀까지 하셨다(요 16:7). 다시 말해, 성령을 경험하는 일은 믿어지지 않을 만큼 놀라운 것이어서, 예수님이 육체로 직접 우리 눈앞에 계신 것과 성령이 우리 안에 계신 것 중 하나를 고르라면 우리는 성령을 선택하는 게 정상이다![2]

로마서에서 바울의 첫 번째 요지가 오직 그리스도의 완성된 사역을 통해서만 하나님 앞에서 우리가 의로워질 수 있다는 것이라면, 두 번째 요지는 우리는 오직 성령의 능력을 통해서만 하나님과의 새로운 관계를 삶으로 실천할 수 있다는 것이다.

성령이 하시는 일

성령과 소통하는 것을 속삭이는 음성을 듣거나 따뜻하고 포근한 느낌에 휩싸이는 것으로 생각하는가? 성경을 보면 성령이 가시적으로 나타나신 경우도 있다. 하지만 로마서에서 바울은 성령이 그리스도를 닮아 가는 성장의 길에서 우리를 어떻게 도우시는지에 초점을 맞춘다. 그는 성령이 역사하시는 몇 가지 방식을 다음과 같이 규명한다.

예수님을 믿게 도와주신다

바울은 이렇게 말한다. "누구든지 그리스도의 영이 없으면 그리스도의 사람이 아니라 또 그리스도께서 너희 안에 계시면 …… 영은 의로 말미암아 살아 있는 것이니라"(롬 8:9-10). 누군가가 예수님을 진정으로 믿는다면 반드시 그 안에 성령이 내주하신다. 실제로 바울은 고린도 교인들에게 이렇게 말했다. "성령으로 아니하고는 누구든지 예수를 주시라 할 수 없느니라"(고전 12:3). 성령을 통한 변화 없이는 우리 마음은 예수님이 "주"시라는 진리를 거부하고 억누를 수밖에 없다. 성령이 우리 마음의 눈을 여시사 우리로 하여금 예수님이 어떤 분이신지 보게 하시고, 그분이 우리에게 절실히 필요함을 느끼도록 해 주셔야 한다.

이런 식으로 생각하면 이해하기 쉬울 것이다. 마천루 꼭대기에 서서 자신이 스파이더맨이라고 착각하는 실성한 남자를 상상해 보라. 그는 저 아래로 뛰어내려 거미줄을 쏘아 그 줄을 타고 다음 건물로 날아가려고 한다. 다급해진 내가 남자의 뒤로 살금살금 걸어가 경고한다. "제발 그러지 마세요! 당신은 스파이더맨이 아니에요!" 하지만 그는 이미 현실과 허구를 구분하지 못하는 상태라서 내 경고를 무시하고 뛰어내린다.

이번에는 그가 제정신으로 돌아올 수 있게 하는 마법 지팡이가 내게 있다고 해 보자. 내가 마법 지팡이를 휘두르며 똑같은 말로 똑같은 경고를 한다. 이번에는 그가 가장자리에서 뒤로 물러설 것이다. 내 권유에는 변한 것이 없다. 변한 것은 그 권유를 듣는 그의 마음 상태다.

하나님의 성령은 우리의 영적인 제정신을 회복시켜 주신다. 그러면 우리가 예수님의 진리를 들을 때 그것이 믿어질 뿐 아니라 더없이 매력적으로 느껴지게 된다.

우리 안에 그리스도의 생명을 낳는다

바울은 로마서 8장에서 우리 안에 계신 성령이 "생명"이시라고 반복적으로 말한다. 바울은 갈라디아 교인들에게 보낸 편지에서 성령이 내주하시는 이들의 삶에 그분이 빚으시는 "성령의 열매"(영적 삶의 증거)를 나열한다. 사랑, 희락, 화평, 오래 참음, 자비, 양선, 충성, 온유, 절제가 그것이다(갈 5:22-23). 이런 것은 오직 성령을 통해서만 우리 안에서 자라난다.

성령 '없이' 우리 혼자서 이런 것들을 기르려고 하는 것은, 살아 있는 장미를 얻기 위해 죽은 장미 나무를 구해 오는 것과도 같다. 몇 년 전 내 아내는 내게 마당 화단을 정리해 달라고 부탁했다. 특히, 잡초들을 뽑아 달라고 했다. 나는 그 분부를 받들어 장미 나무들 주변 땅에 제초제를 뿌렸다. 하지만 그 바람에 장미 나무들까지도 전부 죽어 버렸다. 당연히 아내의 낯빛이 급격히 어두워졌다.

그런데 내가 아내에게 "걱정 붙들어 매요!"라고 말하고서 꽃집으로 달려가 장미꽃 몇 송이를 사와 철사로 죽은 가지들에 붙인다고 해 보자. 그렇게 몇 주 내내 같은 과정을 반복한다. 멀리서 보면 아름다운 꽃으로 가득 덮여 있어서 죽은 장미 나무들이 건강하게 살아 있는 것처럼 보일 것이다. 하지만 그것은 착시일 뿐이며, 그 상태를 유지하려면 여간 피곤한 것이 아니다.

성령 없이 그리스도인의 삶을 살려는 것은 죽은 장미 나무에 계속해서 신선한 장미꽃들을 철사로 붙이는 것만큼이나 소모적인 일이다. 하지만 하나님의 성령이 우리 안에서 역사하시면, 살아 있는 장미 나무에서 아름다운 꽃들이 한가득 피어나는 것처럼 이런 성령의 열매가 자연스럽게 자라난다. 나무가 비옥한 토양에 깊이 뿌리를 내리고 때마다 햇빛과 비를 받으면 꽃은 자연스럽게 피어난다. 마찬가지로, 우리가 성령과 교제할수록 성령이 우리 안에 더 많은 열매를 맺어 주신다.

우리 마음속에 그리스도의 사랑을 부어 주신다

이것은 바울이 로마서 5장 5절에서 사용하고 8장에서 해설한 표현이다. 여기서 '부어 주다'는 하나님의 사랑에 관한 사실을 논리적으로 확신시키는 것 이상을 의미한다. 하나님의 사랑에 파묻히는 '느낌'을 의미한다. 이 사랑의 느낌을 통해 성령은 우리가 하나님의 자녀라는 사실을 우리의 영과 함께 "증언"하신다.

바울은 이렇게 말한다. "양자의 영을 받았으므로 우리가 아빠 아버지라고 부르짖느니라"(롬 8:15). 여기서 바울은 내면 깊은 곳에서 느껴지는 하늘 아버지와의 친밀함을 가리키고 있다. 사실상 언어마다 '아버지'를 일컫는 두 가지 유형의 표현이 있다. 더 격식을 갖춘 '아버지'라는 표현도 있지만 훨씬 친숙한 표현도 있다. 영어의 '대디', 스페인어의 '파파', 인도네시아어의 '바파', 터키어의 '바바' 등이 자상함과 친밀함이 담긴 비격식적인 표현이다. 아람어에서는 "압바"가 그러한 표현이다. 성령은 하나님이 자상하고 친근한 아빠처럼 느껴지게 한다.

우리 아버지는 나를 처음 캠핑에 데려가셨던 추억을 자주 이야기하신다. 그때 나는 밤새 아버지 배에 손을 얹고서 잠을 잤다. 이튿날 아침 아버지가 왜 그랬냐고 물었을 때 나는 대답했다. "한밤중에 깼을 때 곰이 득실거리는 숲에 나 혼자 있을까 봐 무서워서 그랬어요."

우리는 내면 깊은 곳에 이런 종류의 두려움을 안고 있는 것 같다. 심지어 어른이 되어서도 이 두려움은 사라지지 않는다. 사랑하고 돌봐 줄 사람 없이 홀로 삶 속의 '곰들'에 둘러싸여 있는 상황에 대한 두려움 말이다. 하지만 그 숲에서 우리 아버지가 나를 떠나지 않으셨던 것처럼, 모든 그리스도인에게는 그들을 결코 버리시지 않는 하늘 아버지가 계신다. 성령은 우리가 이 진리를 깨닫고 기억하고 느끼도록 도와주신다.

육신의 아버지가 자신을 떠나거나 방치하거나 학대한 탓에, 자신을 절대 떠나시지 않는 하늘 아버지를 도무지 상상할 수 없는 이들도 있다. 육신의 아버지에게 실망한 사람은 사랑 많은 하늘 아버지라는 개념을 받아들이기가 매우 어렵다. 하지만 하나님이 그분의 백성들을 대하시는 모습을 보면 아버지란 어떠해야 하는지를 배울 수 있다. 하나님 안에서 우리는 우리를 환영하고 보호하고 사랑하는 자상하고 온유한 아버지를 경험할 수 있다. 우리는 육신의 아버지의 모습에 비추어 하늘 아버지를 보지 말고, 하늘 아버지의 모습을 보면서 육신의 아버지가 어떻게 행동해야 할지를 판단해야 한다.

성령은 우리 안에 하늘 아버지와의 친밀한 '감정'을 불어넣고 싶어 하신다. 사실, 이것이야말로 성령 충만의 핵심적인 의미다! 런던 웨스트민스터채플(Westminster Chapel)에서 시무했던 웨일스 출신의 마틴 로이드 존스 박사(나는 그를 20세기 최고의 목사라고 생각한다)는 이에 관해 아주 훌륭한 비유를 소개했다. 그 비유를 내 삶에 맞게 조금 고쳐서 설명하겠다. 내가 우리 다섯 살배기 딸인 리아와 함께 길을 걷고 있다고 해 보자. 걷다가 딸아이를 내려다보는데 문득 너무 귀엽고 사랑스럽다는 생각이 든다. 그래서 아이를 번쩍 들고서 빙빙 돌리다가 아이에게 뽀뽀를 한다.

그 순간 리아는 이전보다 더 확실하게 내 딸인가? 법적으로는 딱히 달라진 것이 없다. 내가 이전에는 아이를 덜 사랑했을까? 절대 아니다.

하지만 내가 딸아이를 들어 올린 그 순간, 아이는 내 사랑을 더 깊이 '느꼈다.' 아이는 자신이 내 딸이라는 사실을 더 친밀하고도 경험적으로 '알게' 된 것이다. 이것이 성령이 "우리의 영과 더불어 우리가 하나님의 자녀인 것을 증언"하실 때 일어나는 현상이다(롬 8:16). 성령은 하나님의 사랑이 우리에게서 넘쳐흐르도록 우리 마음에 그 사랑을 부어 주신다. 우리가 기도할 때마다 이런 느낌이 들지는 않지만, 우리가 힘들 때 우리에게 하나님의 약속을 조용히 상기시키고 그분 마음에 우리의 자리가 있음을 확신하게 하는 성령의 세미한 음성이 분명히 존재한다.

우리를 위해 기도하신다

바울은 성령이 매일 우리의 삶 속에서 행하시는 또 한 가지 중요한 일을 가르쳐 준다. "우리는 마땅히 기도할 바를 알지 못하나 오직 성령이 말할 수 없는 탄식으로 우리를 위하여 친히 간구하시느니라"(롬 8:26). 때로 우리는 굉장히 약해져 혼란스럽고 삶이 버거워 무슨 말을 해야 할지조차 모를 순간을 맞닥뜨린다. 그럴 때 성령이 우리를 대신해서 말씀하신다. "말할 수 없는 탄식"은 불가사의한 표현이다. 우리는 그 의미의 절반 정도는 알지 못한다. 하지만 두 가지만큼은 확실하다.

첫째, 성령은 우리의 감정을 느끼신다. "탄식"은 감정의 단어다. 요한복음 11장에서 예수님은 죽은 지 얼마 되지 않은 친구인 나사로의 무덤 앞에 나타나셨다. 예수님은 나사로를 되살리기 위해 그곳에 오신 것이었다. 거기서 예수님은 나사로의 누이들인 마르다와 마리아가 오빠의 무덤 앞에서 우는 것을 보셨다. "예수께서 눈물을 흘리시더라"(요 11:35). 예수님은 잠시 뒤에 나사로를 살리실 것이라는 사실을 모르셨던 것일까? 그렇지 않다. 그런데도 그분은 우셨다. 왜? 친구들이 울고 있었기 때문이다. 우리도 사랑하는 사람이 가슴 아파할 때 그렇게 한다. 우리도 그들과 함께 운다.

성령은 하나님의 아들이 친구들로 인해 하셨던 것을 지금 모든 신자 안에서 하고 계신다. 즉 성령은 고통의 시간 속에서 우리와 함께 탄식하신다. 깊은 고통 속에서 성령이 나와 함께 그 고통을 느끼고 계신다는 사실을 떠올리면 말할 수 없는 위로가 찾아온다. 성령이 고통을 나와 함께 나누고 계신다. 성령이 고통스러워하고 계신다. 성령이 나와 함께 탄식하고 계신다.

둘째, "말할 수 없는 탄식"은 인간의 언어로 풀이하거나 표현할 수 없는 지혜로 성령이 기도하고 계신다는 뜻이다. 우리는 무슨 말을 해야 할지 모를 때가 많다. 그저 "왜 이런 일이 일어나는지 모르겠습니다. 주님이 여기서 무엇을 하시려는 건지 모르겠어요. 지금 주님께 무슨 말을 드려야 할지도 모르겠습니다"라는 말밖에 나오지 않을 때가 있다. 그럴 때 성령이 우리를 위해 기도해 주신다. 성령은 하나님이 우리 삶 속에, 그리고 우리 삶을 통해 선한 일을 이루시도록 우리의 탄식을 구체적인 요구로 풀이해 주신다.

내가 처음 다닌 교회의 목사님은 내가 본 가장 경건한 사람이요 기도의 위인이었다. 누군가가 기도를 요청하면 그 목사님은 늘 이런 식으로 대답했다. "물론 기도하겠습니다. 하지만 더 중요한 사실은 성령도 기도하신다는 겁니다. 게다가 제가 '아멘' 하고 기도를 마친 뒤에도 성령은 계속해서 기도하시지요."

온전한 세상, 온전한 몸이 기다린다

성령이 우리의 마음을 새롭게 해 주신 것처럼, 언젠가 예수님은 우리의 몸도 새롭게 해 주실 것이다. 지금 우리 마음속에 있는 성령의 임재를 생각하면, 우리의 몸을 위한 구속이 오고 있다는 확신을 얻을 수 있다. 한편, 성령은 우리가 그리스도와 '공동 상속자'라는 사실을 기억나게 해 주신다. 예수님이 받으신 모든 것을 우리도 받을 것이다.

잠시 이 모든 것에 무엇이 포함될지 생각해 보자. 첫째, 바울은 '온전해진 세상'을 이야기한다. "피조물도 썩어짐의 종노릇한 데서 해방되어 하나님의 자녀들의 영광의 자유에 이르는 것이니라"(롬 8:21). 죄는 인간만 망친 것이 아니라 세상 전체를 망가뜨렸다. 하지만 부활하신 예수님이 우리의 영을 치유하고 계신 것처럼 언젠가 우리 세상을 치유하실 것이다. '치유된' 하와이는 어떤 모습일까? '저주가 풀린' 도넛은 어떤 맛일까? 지금은 알 수 없지만 어서 경험해 보고 싶다.

둘째, '온전해진 몸'이 있다. 바울은 우리 그리스도인들이 "우리 몸의 속량을 기다리느니라"라고 말한다(롬 8:23). 이 땅에서 우리의 몸은 수시로 병이 들고 아프고 갈수록 쇠약해진다. 나도 나이가 들었는지 요즘에는 자고 일어나면 어제와는 다른 새로운 부위가 뜬금없이 아프다. 전날 밤에 한 일이라곤 잠잔 것밖에 없는데 아침에 눈을 뜨면 온몸이 욱신거린다. 잠자다가 몸을 조금 뒤척인 것만으로도 그다음 날을 망칠 정도로 몸이 힘들어진다. 하지만 바울은 언젠가 예수님이 이 망가진 몸에서 우리를 해방시키고 새로운 몸을 주실 것이라고 말한다. 그것은 그분의 몸처럼 음식을 마음껏 즐기고 아프지 않고 상처를 입지 않고 벽을 통과하고 하늘을 나는 하늘의 몸이다(요 20:26; 행 1:11). 지금 증명할 수는 없지만 우리가 베이컨과 아이스크림을 먹으면 날씬해지고 채소를 먹으면 오히려 몸무게가 불어날 거라고 나는 절대적으로 확신한다.

온전한 세상에서의 온전한 몸. 둘 다 정확히 어떤 것인지 상상조차 할 수 없지만 더없이 기대된다. 미래가 어떤 것이든 바울은 "하나님이 자기를 사랑하는 자들을 위하여 예비하신 모든 것은 눈으로 보지 못하고 귀로 듣지 못하고 사람의 마음으로 생각하지도 못하였다"고 말한다(고전 2:9). 이는 우리의 머리로 상상할 수 있는 것이라면 충분히 좋은 것이 못 된다는 뜻이다. 물론 가장 좋은 것은 예수님과, 또 그분을 사랑하는 수많은 사람과 함께 있게 된다는 것이다.

우리 안의 성령은 그리스도인들에게 이 미래에 대한 확신을 주신다. 성령은 이 미래를 생각하면 예수님께 충성을 다하기 위해 그 어떤 손해나 고통, 희생도 감내할 만한 가치가 있다는 사실을 상기시켜 주신다. "생각하건대 현재의 고난은 장차 우리에게 나타날 영광과 비교할 수 없도다"(롬 8:18). 바울은 로마 교인들에게 그렇게 말했다. 이생에서 어떤 고통을 겪어도 그것은 저 천국에서 우리를 기다리는 기쁨에 비할 바가 아니다.

바울은 그리스도인들에게 이렇게 말한다. "조금만 버티라. 고지가 코앞이니. 성령을 의지하라. 성령이 너희를 집으로 데려가실 것이다!"

성령으로 살기

하나님은 우리 스스로 알아서 그리스도인의 삶을 살도록

방치하시지 않았다. 하나님은 우리에게 성령을 보내 주셨다. 성령을 의지하지 않으면 우리는 이 삶을 살아 낼 수 없다. 바울은 이렇게 말한다.

> 너희가 육신대로 살면 반드시 죽을 것이로되 영으로써
> 몸의 행실을 죽이면 살리니(롬 8:13).

성령의 우월한 힘을 통해서만 죄의 힘을 물리칠 수 있다. 우리 육신의 힘으로 죄와 싸우려고 하는 것은 맨손으로 곰과 싸우려는 것이나 다름없다. 시작은 아무리 좋아도 결말은 처참할 수밖에 없다. 우리 안에 있는 죽음의 힘을 극복하려면 부활의 생명의 능력이 필요하다.

그렇다면 성령의 능력으로 산다는 건 구체적으로 무슨 뜻인가? 어떻게 해야 그 힘을 얻을 수 있는가? 〈스타워즈〉(Star Wars)에서 루크 스카이워커가 포스를 소환하는 것처럼 눈을 감고 에너지를 끌어모아야 하는가? 성경 구절을 인용하고 기도문을 암송하고 찬양을 읊조리면 되는 것인가?

성령으로 사는 것은 간단하다. 그것은 성령과 동행하는 것이다. 신약은 그런 삶의 네 가지 요건을 우리에게 알려 준다.

죄 고백 // 하나님은 어떤 죄도 치유해 주실 수 있다. 다만

우리가 먼저 그 죄를 고백해야 한다. 죄는 곰팡이 같아서 어둠 속에서 자라난다. 하지만 햇빛 아래로 끄집어내면 사라진다. 우리의 죄를 먼저 하나님께, 나아가 서로에게 고백하면 성령의 능력이 임하신다.

순복 // 성령은 무기처럼 사용법을 터득해야 하는 힘이 아니다. 성령은 우리가 순복해야 하는 인격적인 분이시다. 아무리 작은 일에서도 성령을 거역하면 그분의 능력으로부터 차단된다. 불순종은 콘센트에서 전자 기기의 전원을 뽑는 것과 같다. 연결이 끊어지는 순간, 능력은 사라진다.

복음 충만 // 이것은 매우 중요하다. 성령은 성부 하나님이 우리를 온전히 받아 주셨다는 사실을 기억나게 함으로써, 우리를 옭아매는 죄의 힘을 깨뜨리신다. 복음을 다시 믿으면 우리 안에서 성령의 능력이 솟아난다. 이것이 바울이 로마서에서 성령에 관한 부분을 이렇게 시작하는 이유다. "그리스도 예수 안에 있는 자에게는 결코 정죄함이 없나니"(롬 8:1). 그리스도 안에서 우리에게 정죄함이 없다는 사실을 생각하면 우리 안에서 성령의 능력이 솟아난다. 복음으로 더 충만할수록 우리는 성령 안에서 더 강하게 자라난다.

말씀 암송 // 성경 구절을 암송하면 필요할 때 복음의 약속들을 떠올릴 수 있다. 예수님은 마귀와 싸우실 때 구체적인 성경 구절들로 유혹을 뿌리치셨다(마 4:1-11). 이것이 예수님이 '성령 안에' 거하신 비결이다. 바울은 성경을 "성령의 검"으로 부른다(엡 6:17). 그래서 성경을 인용하면 성령의 능력을 통해 원수를 물리칠 수 있다. 성경을 잘 알지 못하고서 죄와 싸우는 것은 총 없이 전쟁터에 나가는 것과도 같다.

죄 고백, 순복, 복음 충만, 말씀 암송, 이 네 가지가 성령과 동행하면서 그분의 능력을 경험하기 위한 비결이다.

브레이크 선 자르기

성령이 단순한 힘이라면 몇 가지 기술만 잘 익히면 그 힘을 이용할 수 있을지도 모른다. 하지만 성령은 단순한 힘이 아니다. 성령은 주님으로서 우리의 마음속에 들어와 거하시는 인격적 존재시다. 따라서 그분의 능력을 경험하려면 그분과 교제해야 하며, 그분과의 교제는 오직 전적인 순복의 자세에서만 가능하다.

내가 운전을 배울 때 운전 교습을 받던 차 조수석에는 브레이크 페달이 따로 달려 있었다. 그래서 조수석에 앉은 강사가 자기가 원할 때면 언제든지 달리던 차를 세울 수 있었다. 내가 정지 신호에서 서지 않고 가려고 하자 그가 그 브레이크를 꽉 밟았던 기억이 난다.

많은 신자가 이런 식으로 하나님과 동행하려고 한다. 운전대를 잡으신 성령이 내 삶에 내가 바라는 식의 영향을 미치는 것은 좋다. 이를테면 내가 어려울 때 그분이 나를 안내해 주고 격려해 주고 도와주시는 걸 좋아하는 것이다. 그러면서도 우리는 조수석에 달아 놓은 브레이크 페달은 그대로 이용하고 싶어 한다.

순복이란 바로 그 브레이크 선을 자르는 것을 의미한다. 순복은 성령께 이렇게 말하는 것이다. "성령이 원하시는 곳이라면, 언제 어디로 이끄시든 따라가겠습니다."

브레이크 선을 자르는 것은 두려운 일이다. 하지만 바울에 따르면 그것이 "생명과 평안"으로 가는 유일한 길이다(롬 8:6). 그것이 인간에게 가능한 가장 풍성한 삶을 경험하기 위한 길이다. 우리는 그 삶을 살도록 창조되었다. 그 삶은 바로 복음 중심의 삶이다.

이것이 바로 성령의 인도하심을 받는다는 것이다. 그럴 때 비로소 우리는 진정으로 영적인 사람이 된다.

10

그렇다면 이제 무엇을 해야 할까?

그러므로
Therefore

그러므로 형제들아
내가 하나님의 모든 자비하심으로 너희를 권하노니.
로마서 12장 1절

어떤 말들은 우리의 인생을 영원히 바꿔 놓는다.

"당신은 합격입니다."

"나와 결혼해 줘요."

"나, 임신했어요."

이런 말은 단순히 정보를 알려 주는 말이 아니라 우리를 변화시키는 말이다. 로마서 12장 첫머리에 나오는 바울의 "그러므로"는 바로 그런 말 중 하나다.

로마서는 크게 두 부분으로 나뉜다. 우리가 지금까지 함께 탐구한 1-11장은 복음이 무엇인지 다룬다.[1] 이어서 12장부터 바울은 복음이 우리로 하여금 어떤 삶을 살게 하는지 설명하기 시작한다.

바울은 이 두 부분을 하나의 단어로 묶는다. 이 단어를 기점으로 '그리스도인의 삶'의 비밀이 드러난다.

> **그러므로** 형제들아 내가 하나님의 모든 자비하심으로 너희를 권하노니 너희 몸을 하나님이 기뻐하시는 거룩한 **산 제물**로 드리라 이는 너희가 드릴 **영적 예배**니라 너희는 이 세대를 본받지 말고 오직 마음을 **새롭게 함으로 변화를 받아**(롬 12:1-2).

그리스도인의 삶은 우리가 복음 안에서 발견한 것에 대한 반응이다. "그러므로" 즉 예수님이 누구시며 무슨 일을 행하셨는지를 알았으므로 이제 다르게 생각하고 다르게 살아야 한다. 바울은 이 구절에 많은 중요한 단어들을 포함시킨다. 그것들은 기독교의 핵심을 요약한 단어들이다. 엄청난 파괴력을 지닌 이 단어들을 한 번에 하나씩 자세히 살펴보자.

"예배"

앞서 살폈듯이 죄는 "예배"의 문제다. 죄는 우리 마음속에서 하나님이 아닌 것을 하나님처럼 중시하는 것이다.

에릭 게이거는 기독교 상담자 데이비드 폴리슨이 쓴 책을 토대로 우리의 주된 우상들을 네 가지 기본적인 범주로 묶은 뒤 이것들을 '근본적인' 우상이라고 불렀다. 그 우상들은 다음과 같다.

인정 // 우리는 다른 사람들에게 받아들여지고 싶어 한다. 그것이 심해지면 다른 사람들의 의견에 목을 매는 노예로 전락한다. 다른 사람들의 칭찬에 살아나고 다른 사람들의 비판에 죽는다. 다른 사람들의 사랑과 존중을 받기 위해 뭐든 그들이 원하는 모습으로 자신을 변형시킨다.

힘 // 우리는 우월감을 좋아한다. 그래서 돈이나 뛰어난 외모, 인기, 높은 지위처럼 그런 기분을 느끼게 해 줄 것만 같은 것들을 추구한다. 그것들을 얻기 위해 무엇이든 한다. 그러다 보면 무자비하고 부정직하게 되며 사람들을 인질처럼 대하게 된다.

통제 // 우리는 상황이 내 뜻대로 풀려야 안전하다고 느낀다. 그래서 주변 사람들과 상황을 통제하려 한다. 끊임없이 걱정을 한다. 다른 사람들이 내가 원하는 대로 행동하지 않으면 짜증과 화를 낸다. 일이 내 시간표대로 진행되지 않으면 참지 못하고 심지어 폭력적인 모습까지 보인다.

쾌락 // 우리는 감각적인 쾌락을 숭배하게 될 수 있다. 예를 들어, 성적 쾌락, 육체적 쾌락, 좋은 음식, 여가 생활, 술, 마약 등을 숭배할 수 있다. 그렇게 되면 삶이 그런 것을 중심으로 돌아간다. 그런 것을 얻기 위해 하나님의 법을 어겨야 한다면 기꺼이 그렇게 한다. 따분함을 죽기보다 싫어한다. 쾌락을 숭배하면 무책임, 게으름, 강박적인 행동에 빠지기 쉽다.[2]

하나님이 이런 우상을 근절시키시기 전까지, 우리가 그분의 인정을 구하고 그분의 능력을 믿으며 그분의 통제를 의지하고 그분을 기쁘시게 하는 삶을 추구하기 전까지, 우리 힘으로 만들어 내는 행동의 변화는 지극히 피상적이고 단기적일 뿐이다. 이는 마치 자기 힘으로 두꺼운 철판을 구부리려 하는 것과도 같다. 한쪽 끝을 있는 힘껏 누르면 약간은 구부러질지 모르지만 그렇게 구부러진 상태는 우리가 압력을 가하는 동안에만 유지된다. 이는 보통 힘든 일이 아니다. 게다가 힘을 너무 세게 가하면 철판이 부러지고 만다.

우리의 악한 마음을 하나님의 계명에 억지로 맞추려 하면 똑같은 결과로 이어진다. 딱딱한 철판과도 같은 우리 마음은 하나님의 법 쪽으로 잘 구부러지지 않는다. 그래서 우리는 그런 힘든 일을 시킨다며 속으로 하나님에 대한 분노를 끓인다. 혹은 자신에게는 기독교가 맞지 않는다며 신앙을 포기해 버린다.

하지만 토치를 가져와 그 철판에 열을 가하면, 원하는 모양으로 구부릴 수 있다. 복음은 우리 마음을 녹여 그리스도의 형상으로 변화시키는 토치다. 이 책에서 내내 확인했듯이 하나님은 단순한 순종을 원하시지 않는다. 하나님은 전혀 '새로운 종류의' 순종을 원하신다. 그것은 마음에서 우러나오는 순종이다. 그것은 하나님을 원하고 그분의 의를 사랑함에서 비롯하는 순종이다.

우리가 원하는 것, 즉 우리가 '예배하는' 대상을 바꾸기 전까지는 죄를 진정으로 그만둘 수 없다. 잠시 행동을 바꿀 수는 있을지 몰라도 결국 우리 마음이 우리를 다른 방향으로 끌어당

길 것이다. 폴 트립의 말처럼, "예배를 통해 죄 속으로 들어갔다면, 예배를 통해 죄에서 빠져나와야 한다."

우리가 예배하는 것을 마음의 차원에서 진정으로 바꿀 수 있는 것은 오직 복음뿐이다. 그래서 바울은 오직 복음만이 "구원을 주시는 하나님의 능력"이라고 말한다(롬 1:16). 율법을 아무리 완벽하게 혹은 설득력 있게 제시해도 우리를 변화시킬 수는 없다. 하지만 그 일을 복음은 해낼 수 있다.

"변화를 받아"

다음은 "변화"라는 단어다. 바울이 로마서 12장 2절에서 사용하는 헬라어는 "메타모르포오"다. 여기서 애벌레가 고치에 싸인 후에 일어나는 일을 지칭하는 영어, "메타몰포시스"(metamorphosis; 변태)가 파생했다. 나는 나비 전문가는 아니지만, 애벌레가 고치 안에서 비행 교본을 읽고 날개 근육을 키우며 시간을 보내지는 않는다는 것쯤은 안다. 고치 안에서는 애벌레의 작은 몸을 끈적끈적한 점액으로 변화시키는 효소가 분비된다. 그다음에는 애벌레의 세포들이 날개와 더듬이 등을 갖춘 새로운 형태로 재구성된다. 이어서 이 새로운 생명체는 고치를 갉아 구멍을 내고, 그 어떤 수업이나 훈련이나 강압도 없이 하늘로 날아오른다.

바울이 나비에 대해 얼마나 많이 알았는지는 모르겠지만, 사람이 그리스도인이 될 때 비슷한 일이 벌어진다. 회심의 순간, 하나님은 우리의 마음속에 '복음의 효소'를 주입하신다. 그렇게 해서 우리의 마음이 재구성되면 영적 비행이 제2의 천성처럼 자연스러워진다. 더 이상 종교의 강압에 따라 괴로운 순종의 길을 억지로 기어 다니지 않는다. 이제 그리스도를 닮은 모습으로 날아오른다. 이제 그것이 자연스럽게 느껴진다. 그것은 변화가 이루어졌기 때문이다.

이런 변화는 종교적인 변화와 '근본적으로' 다르다. 종교는 '기계적으로' 우리를 변화시키려 한다. 즉 종교는 우리의 행동을 규칙에 억지로 일치시키려 한다. 하지만 애벌레가 그런 식으로 변하려 한다고 상상해 보라. 애벌레가 고치 안에서 비행에 관한 책을 읽은 뒤 어디선가 날개 비슷한 것을 구해 와 자기 몸에 반창고로 붙인다. 그렇게 시작된 공중 모험이 얼마나 짧고 비참할지 상상해 보라. 변태를 거치지 않은 애벌레의 몸은 비행에 맞지 않다.

혹시 당신이 영적으로 이와 같은가? 할 수 없는 일을 억지로 하려고 노력하고 있는가? 그래서 지칠 대로 지쳐 있는가?

복음 안에서 하나님은 전혀 다른 종류의 변화를 제시하신다. 하나님은 행동 교정이 아닌 마음의 변화를 요구하신다.

"합당한"

다음 키워드는 "합당한"이다. 복음이 우리 안에 그런 변화를 낳으면 우리의 몸을 산 제물로 드리는 것이 합당한 일처럼 보이기 시작한다. 다시 말해, '전적인 순복'이 옳게 느껴진다. 참고로, "합당한"은 헬라어로는 "로기켄"이며, 여기서 '논리적인, 타당한'이라는 뜻의 영어 "라지컬"(logical)이 파생했다. 이 단어를 영어 성경에서는 '진정한'(true, ESV) 혹은 '영적인'(spiritual, NIV)으로 번역한다(개역개정 성경에서는 "영적"으로 번역했다).

자기 삶을 예수님 앞에 내려놓기란 쉽지 않다. 그것은 스스로 삶을 통제하려는 욕구에 대해 죽는 것을 의미한다. 하지만 복음 안에서 우리가 하나님께 은혜를 받았다는 사실을 알면 그것이 심지어 합당하게 느껴지기까지 한다. 생각해 보라. 하나님은 인간이 되어 우리를 위해 목숨을 내놓으실 만큼 우리를 사랑하셨다. 우리가 퇴짜를 놓아도 하나님은 계속해서 우리를 바라셨다. 우리가 그분을 버려도 그분은 우리를 용서하셨다. 그분은 우리를 창조하셨을 뿐 아니라, 아무도 거들떠보지 않을 것만 같던 우리를 구속하셨다. 그러니 어찌 그분께 우리의 삶을 바치지 않을 수 있겠는가.

C. T. 스터드는 영국 최고의 크리켓 선수였다. 1800년대 말, 크리켓은 세계적인 인기 스포츠였다. 스터드는 요즘으로 치면 NBA 프로 농구 선수 르브론 제임스에 버금가는 인기 스타였다. 그런데 어느 날 그는 커리어의 정점에서 돌연 선수 생활을 접었다. 프랑스 해변에서 남은 인생을 즐기기 위해서가 아니라, 중국에서 선교사로 섬기기 위해서였다. 사람들은 그 이유를 물었다. 왜 그토록 작은 것을 위해 그토록 큰 것을 버리는가? 스터드의 대답은 로마서 12장 1절의 "그러므로"에서 나온 것이었다.

예수 그리스도께서 하나님이시고 나를 위해 돌아가셨다면 그분을 위해 하지 못할 희생은 없기 때문이다.

"산 제물"

바울은 예수님을 따르는 것이 우리의 삶을 "산 제물"로 바치는 것을 의미한다고 말한다. 물론 '산' 제물의 문제점은 계속해서 제단에서 빠져나오려고 한다는 것이다! 그래서 산 제물은 매일 우리의 삶을 다시 내려놓는 것을 의미한다.

열여섯 살 때 참석했던 청소년 여름 수련회에서 마지막 날 밤, 우리는 우리의 삶을 의미하는 막대기를 잡고 모닥불 속에 던졌다. 그 행위는 내 삶에 대한 통제권에 대해 죽겠다는 결심을 의미했다. 앞으로 나아가 그 막대기를 집어 화염 속으로 던지기가 정말 어려웠던 기억이 난다. 하지만 사실 그것은 쉬운 일이었다. 어려운 일은 그런 항복을 매일같이 새롭게 반복하는 것이었다.

솔직히, '종교적인 길'을 선택한 이들은 이렇게 매일 자신에 대해 죽는 길을 원치 않는다. 그들은 하나님을 자기 삶의 액세서리쯤으로 가지고 다니고 싶어 할 뿐, 그분께 전적으로 순복하기는 원하지 않는다. 하지만 예수님은 분명히 말씀하신다. 그분을 따르는 것은 전적인 순복을 의미한다. 뭐든 그분이 행하라고 하시는 것을 행하고, 그분이 말하라고 하시는 것을 말하며, 어디든 그분이 가라고 하시는 곳으로 가는 것을 의미한다.

오래전 "하나님이 조수석에 앉아 계신다"라는 범퍼 스티커가 유행했다. 하지만 하나님이 조수석에 앉아 계신다면 운전석에는 엉뚱한 사람이 앉아 있는 셈이다. 예수님을 따르는 것은 차가 그분의 것이라는 사실을 인정하면서 그분께 키를 넘겨 드리는 것을 의미한다. 그러고 나서 뒷좌석으로 넘어가면서 이렇게 말하는 것이다. "자, 예수님, 우리는 어디로 가는 건가요?"

예수님은 오직 주님으로서만 우리에게 오신다. 우리의 조수로 오시는 법은 절대 없다.

우리가 이렇게 해야 하는 동기는 무엇인가? 바울에 따르면, 복음을 이해하고 나면 그것이 합당하게 보이기 때문이다. 예수님 말고 누구에게 우리 삶을 맡길 수 있는가? 복음이 사실이라면 그 외에 다른 것을 위해 사는 것이 과연 합당한가?

그리하여 예수님께 순복하면 우리는 자신이 내내 찾아왔던 것이 바로 예수님이라는 사실을 깨달은 수많은 사람들 무리에 합류하게 된다. 예수님은 우리의 창조주시기에 우리 마음의 갈망을 충족시킬 수 있는 유일한 분이시다. 예수님은 우리가 그분을 대체하려고 애썼던 모든 우상보다 비교할 수 없을 만큼 확실히 더 낫다.

예수님은 돈보다 무한히 더 확실하시다. 하나님은 예수 그리스도 안에 있는 그분의 풍성함에 따라 우리의 모든 필요를 채워 주겠노라 약속하셨다. 예수님의 주가는 절대 폭락하지 않는다.

예수님은 로맨틱한 연애보다 무한히 더 깊은 만족을 주신다. 우리가 연애에서 갈구한 팔(포근하고 안정적인 느낌)은 사실 그분의 팔이다. 우리의 마음이 갈망하는 대상은 바로 그분이시다.

예수님은 세상의 힘보다 무한히 더 강력하시다. 우주의 모든 분자를 통제하여 우리의 선을 이루겠다고 약속하신 주권적인 하나님보다 더 큰 힘이 존재할 수 있을까?

예수님의 인정은 세상의 성취감보다 무한히 더 오래간다. 영원 속으로 들어가면서 "잘하였도다 착하고 충성된 종아"(마 25:21)라는 칭찬을 듣는 것이, 받는 순간부터 사람들의 기억에서 사라지기 시작하는 이 땅의 수많은 트로피를 받는 것보다 무한히 더 만족스럽다.

예수님은 우리 몸의 건강보다 무한히 더 귀하시다. 그분은 어떤 상황 속에서도 풍성한 삶을 주시며, 아무도 앗아 갈 수 없는 영생을 약속해 주신다.

우리가 추구하는 다른 모든 신은 결국 우리를 실망시킨다. 나는 오랫동안 추구하던 뭔가를 마침내 얻었는데 기대에 한참 미치지 못해 실망했던 경험이 있다. 당신도 마찬가지일 것이다. 새로운 연애 상대가 잠시 동안은 우리 안에 기쁨을 채워 줄 수 있다. 새로운 직업이 잠시 우리의 자존감을 높여 줄 수 있다. 봉급이 인상되면 이제 삶이 안정적으로 느껴진다. 하지만 그런 느낌은 이내 시들해지고 기분 나쁜 감정이 다시 찾아온다.

허전한 느낌.

약한 느낌.

치부가 드러난 느낌.

그럴 때 우리는 이렇게 말하는 대기업 회장과도 같다. "평생 성공의 사다리를 올라 꼭대기에 이르고 보니 내내 엉뚱한 건물에 사다리를 대고 있었다."

바울은 로마 교인들에게 이렇게 물었다. "죄를 짓고 하나님이 아닌 뭔가를 숭배한 결과가 어떠했는지 알지 않습니까? 그런데 왜 그 짓을 계속해서 반복하십니까? 죄의 삯, 죄의 결과는 죽음이에요. 살아서도 죽음이요, 죽어서는 영원한 죽음을 겪습니다. 오직 예수 그리스도 안에서 하나님이 주시는 선물만이 영생을 낳습니다. 이생과 내세 모두에서 영생을 경험할 수 있어요"(롬 6:21-23).

내 친구가 개 경주(경견)가 인기를 끄는 도시로 이사를 갔다. 그 친구는 개 경주에서 가장 재미있는 순간은 진행자가 "자, 우리 토끼를 소개합니다!"라고 외치자마자 토끼 인형이 튀어나와 작은 트랙을 쏜살같이 달릴 때라고 말했다. "개들이 토끼를 보면 이성을 잃어. 우리의 문을 밀치며 미친 듯이 짖고 뛰어오르지. 문이 열리면 대포알처럼 가짜 토끼를 향해 돌진한다고." 개들은 트랙 끝까지 가짜 토끼를 쫓아간다. 그러다 끝에서 갑자기 토끼가 땅의 구멍 속으로 사라진다.

"아마 개들은 개집에 돌아가서 서로 아쉬워했을 거야. '아, 이번에는 거의 다 잡았는데!' '나도 그래! 그 토끼를 다시 볼 수 있지 않을까?" 아니나 다를까, 다음 날 토끼가 돌아온다. 그래서 개들은 다시 토끼를 쫓지만 토끼는 다시 사라진다. 개들은 주말마다 이 일을 무한 반복한다.

그는 이렇게 덧붙였다. "멍청한 개라고 말하기 전에 잘 생각해 봐. 매일 아침 우리 집에서 알람이 울릴 때마다 시계는 '자, 우리 토끼를 소개합니다!'라고 말하지. 그러면 우리는 토끼를 쫓아 집에서 튀어 나가는 거야."

그 친구는 가장 슬픈 순간은 토끼가 사라질 때가 아니라 어떤 개가 실제로 토끼를 잡았을 때라고 말했다. 토끼를 씹던 개의 눈이 갑자기 똥그래진다. '잠깐, 이게 뭐야? 속았잖아! 이건 진짜 토끼가 아니야.' 그런 일이 벌어지면 그 개는 다시는 예전처럼 의욕 넘치게 달리지 않을 거라고 친구는 덧붙였다.

우리 중 일부는 가짜 토끼를 잡았다. 꿈에 그리던 집을 사고, 기업의 중역실을 차지하고, 번쩍거리는 외제차를 샀다. 하지만 여전히 허무하다. 그러면 또 다른 가짜 토끼를 찾아 나선다. '이건 내가 생각했던 토끼가 아니야. 하지만 다음번 토끼는 다를 거야!'

예수님은 우리를 만족시킬 수 있는 유일한 분이다. 놀라운 사실은 우리가 그분을 찾아 나설 필요도 없다는 점이다. 그분이 우리를 찾아오셨다.

팀 켈러가 말한 것처럼, 하나님의 가장 놀라운 점은 우리가 찾아가면 우리의 필요를 채워 주시고, 우리가 실망시켜도 용서해 주시는 분이라는 것이다.

돈이라는 우상은 이렇게 말한다. "나를 얻지 못하면 불행해지리라." 통제라는 우상은 이렇게 말한다. "나를 잃으면 인생에서 뜻대로 풀리는 일이 하나도 없어지리라." 인정이라는 우상은 이렇게 말한다. "내 눈에서 벗어나면 네 존재는 아무런 의미가 없어지리라."

하지만 예수님은 이렇게 말씀하신다. "너는 나를 실망시켰다. 너는 나를 잃었다. 너는 내 눈에서 벗어났다. 하지만 나는 상관없이 너를 찾아가 너를 위해 죽었다. 나는 네 편이다. 너는 진노를 당해 마땅하지만 나는 네게 영생을 준다."

우리 모두는 뭔가에 삶을 바친다. 그런데 예수님이 어떤 하나님이신지를 알면 더는 다른 것에 삶을 바치고 싶지 않아진다. 예수님께 우리 자신을 드리는 것이 '합당하다.'

그리고 그렇게 하는 것이 바로 진정한 예배다.

새롭게 하라, 새롭게 하라, 새롭게 하라!

자, 이제 "그러므로"라는 단어로 돌아가 보자. 하나님이 원하시는 변화, 즉 예배하는 대상의 변화는 복음의 능력을 통해 이루어진다. 이 능력은 우리가 복음을 한차례 믿고 마는 것이 아니라 매일 계속해서 다시 믿어 나갈 때 찾아온다. 복음으로 계속해서 우리의 마음을 '새롭게 할' 때 새 생명의 능력이 현실이 된다.

지금까지 이 책에서 누누이 말했듯이, 복음은 단순히 우리가 기독교라는 풀장으로 뛰어들기 위한 다이빙대가 아니다. 복음은 풀장 자체다. 복음으로 더 깊이 들어갈수록 물은 더 달콤하고 깨끗해진다.

그리스도인의 삶에서 전진이란 언제나 다시 처음으로 돌아가 시작하는 것을 의미한다는 마르틴 루터의 말이 참으로 옳다. 복음은 불신자만을 위한 것이 아니라 신자를 위한 것이기도 하다.

그래서 바울은 "새롭게 하라, 새롭게 하라, 새롭게 하라!"라고 말한다. 예수님께 자신을 바치려는 열정이 가라앉는 것을 느낀다면 "하나님의 모든 자비하심으로" 자신을 새롭게 하라(롬 12:1). 시험을 뿌리칠 힘이 모자라거든 새롭게 하라, 새롭게 하라, 새롭게 하라! 복음이 당신의 온 존재 구석구석에서 흘러나올 때까지 복음의 진리에 흠뻑 젖어 들라. 영혼이 굶주리거든 복음의 만찬을 즐기라. 세상 속에서 숨이 턱 막혀 온다면 복음 안에서 숨을 돌리라. 삶의 칼날이 당신을 베거든 복음으로 상처를 싸매라.

그리스도 안으로 더 깊이 들어갈수록 우리 마음은 더 높이 날아오른다. 복음의 연료로 자신을 더 흠뻑 적실수록 예수님을 위해 더 밝게 타오른다.

지금, 예수님을 보라

당신이 오랫동안 신앙생활을 한 신자든, 망설이면서 기독교라는 것을 아직 두고 보는 중이든, 뭔가를 하라는 제안으로 이 책을 마무리하고 싶다.

예수님을 보면서 그분이 누구시며 무슨 일을 행하셨는지 생각하라.

* 예수님이 당신을 어떻게 생각하시는지보다 더 중요한 것이 있을 수 있을까? 천 년 안에 그런 것이 생길 수 있을까? 만 년 안에는?
* 당신을 그분처럼 사랑하는 사람이 있었는가?
* 지금, 그리고 앞으로 당신에게 이만한 것을 제시할 존재가 또 있을까?

복음은 이것이다.

하나님은 은혜의 행위로서 그분의 아들 예수 그리스도를
인간으로 이 땅에 보내셨다. 이는 그리스도의 삶과 죽음과
부활을 통해 우리를 구원하시고, 왕으로 다스리시며,
우리가 누려야 할 영원하고 온전한 삶으로 우리를
이끄시기 위해서다.

이 선포를 무심하게 받아들여서는 곤란하다. 이것은 세상
에서 가장 위대한 제안이거나, 아니면 세상에서 가장 잔인한
사기다.

복음이 사실이라면 유일하게 합당한 반응은 "예수님, 주님
만이 제 예배를 받아 마땅하십니다. 저는 주님의 것입니다!"라
고 말하는 것이다. 이 말을 처음 할 때든 천 번째 할 때든 주체
못할 기쁨으로 말이다.

이렇게 말할 준비가 되었는가?

아홉 살 때였다. 내가 다니던 샌드힐스초등학교 선생님은 200만 년 전에 두 마리의 아메바가 진흙탕에서 만나 내가 탄생하게 되었다고 말씀하셨다. 내게는 그 이야기가 영 이상하게 들렸다. 내가 우연의 산물이라니!

어릴 적 주일마다 교회에 가지 않으면 혼을 내셨던 어머니와 할머니, 그리고 학교에서 배운 것과는 전혀 다른 이야기를 해 주신 목사님이 계셔서 얼마나 감사한지 모른다. 그분들은 전능하고 전지하며 사랑이 충만하신 하나님이 어머니의 배 속에서 나를 형성하셨다고 말해 주었다. 하나님은 나를 특별하고 독특하게 지으셨고, 내가 그분과 개인적인 관계를 맺기 원하셨다. 내가 우연의 산물이 아니라는 것을 깨달았다. 목사님에게 나를 지으시고 사랑하시는 하나님을 인격적으로 만나고 싶다고 말했던 기억이 난다.

그때 나는 일생일대의 결심을 했고, 그 일은 지금까지도 내 평생 가장 중요한 사건이다. 한 번도 그 결정을 후회한 적이 없고, 앞으로도 그럴 일은 없을 것이다.

이 책에서 내 친구 J. D. 그리어는 오래전 내 삶을 변화시켰고 지금 당신의 삶도 변화시킬 수 있는 메시지를 들려준다(그는 모두가 집을 수 있도록 쿠키를 맨 아래 선반에 진열했다). 나는 오랫동안 미식축구 경기장과 카 레이싱 경기장에서 많은 것을 경험했지만, 우리를 구속하고 변화시키는 복음의 힘만한 것을 본 적이 없다. 이 책의 마지막 페이지에 이르면 당신도 인생의 가장 깊은 질문들에 많은 답을 얻고 기독교의 핵심을 이해하게 되리라 믿는다.

이미 오랫동안 신앙생활을 해 온 그리스도인인가? 그렇다면 하나님을 향한 열정과 기쁨에 복음의 불을 다시 붙이기를 바란다.

진리를 찾는 구도자인가? 그렇다면 내가 만나는 사람마다 던지는 질문을 당신에게 던지고 싶다. "인생이란 무엇입니까?" 나는 미식축구 경기장과 카 레이싱 경기장 등에서 팀을 이루어 뛰고 팀을 구축하는 데 인생의 많은 시간을 투자했다. 그 결과, 인생은 경기라는 결론을 내렸다. 나는 인생에서 가장 중요한 경기에서 지고 싶지 않고, 당신도 지지 않았으면 좋겠다.

이 경기에서 이기기 위해 무엇이 필요한가? 위대한 감독과 위대한 전술이 필요하다. 나는 하나님이 우리를 지으셨고 우리에 관한 모든 것을 아신다고 늘 말하며 살아왔다. 인생이라 부르는 이 경기에서 그분이 우리의 감독이 되셔야 한다. 전능하신 하나님이 전술도 없이 우리를 이 인생 경기장에 투입하셨을까? 그럴 리가 없다. 하나님은 우리에게 완벽한 전술을 주셨다. 바로 그분의 말씀이다. 그분의 말씀이야말로 진정으로 성공적이고 만족스러운 삶을 살기 위해 우리에게 필요한 전부다.

J. D. 그리어는 로마서를 철저히 해부한 끝에 우리에게 감독의 전술을 소개하고 어떻게 하면 그분의 팀에 들어갈 수 있는지 보여 준다. 그 방법은 간단하다. 예수님을 믿으면 그분의

사람, 그분의 팀이 될 수 있다. 내가 평생 몸담아 온 스포츠계 용어를 사용해 묻고 싶다. "하나님을 당신의 감독으로 모시겠는가?"

조 깁스

〔슈퍼볼 우승컵을 세 차례나 차지한 미식축구 팀〕
워싱턴레드스킨스(Washinton Redskins) 전 감독

감사의 말

　내가 로마서에 관한 책을 쓰기까지 오래전부터 내게 큰 영향을 준 많은 사람들이 있다. 내가 기억하는 한 내게 가장 많은 영향을 주신 분은 어머니다. 초신자였던 어머니가 내게 예수님의 도를 가르쳐 주셨던 기억이 지금도 생생하다. 사랑하는 어머니는 내가 이 책을 쓰는 도중에 주님 곁으로 가셨다. 어서 천국에서 어머니를 다시 만나고 싶다. 아버지도 생각난다. 내가 본 아버지는 평생 복음에 따라 사신 분이었다. 또 누구보다 열심히 복음을 전하며 사셨다. 천국에서 수많은 영혼이 아버지의 영향 덕분에 구원을 받았다고 말하리라 확신한다. 나도 그중 한 명이다. 내가 목회를 막 시작할 무렵, 어리석고 무의미한 논쟁에 휘말리지 말고 "그냥 하나님의 아들 예수를 전하렴. 그냥 예수님을 전해"라고 넌지시 조언해 주셨던 아버지의 말씀이 지금도 귓가에 맴돈다.

사춘기 시절, 나를 기독교 신앙으로 다시 불러 준 내가 다니던 교회 중고등부 스티브 로버슨 목사님에게 큰 빚을 졌다. 멀리서, 또 가까이서 변함없이 복음으로 나를 지도해 준 팀 켈러 목사님도 빼놓을 수 없다. 덕분에 복음의 아름다움을 다시금 발견할 수 있었다. 팀 켈러 목사님은 우리가 복음을 통해 그리스도를 믿게 될 뿐 아니라, 복음으로 그리스도 안에서 자란다는 사실을 가르쳐 주었다. 이 책의 페이지마다 묻어 있는, 마르틴 루터를 비롯한 충성스러운 믿음의 선진들의 흔적도 언급하지 않을 수 없다. 마르틴 루터, 장 칼뱅, 존 번연, C. S. 루이스, 존 스토트 외에도 많은 이들에게 감사한 마음을 전한다.

계속해서 가장 중요한 것들에 집중하라고 일깨워 준 클레이튼 킹, 클래드 프라이스, 트레빈 왁스, 베니스 피트먼 같은 믿음의 친구요 동역자들도 빼놓을 수 없다. "인생은 한 번뿐이고 곧 과거가 될 것이다. 오직 그리스도를 위해 한 일만 영원히 이어질 것이다"라는 C. T. 스터드의 말을 평생 기억할 것이다.

세상에서 가장 뛰어나며 또한 가장 참을성이 많은 편집자인 칼 라퍼톤에게 고맙다. 그는 이 책을 위해 오 리를 더 가 준 정도가 아니라 나와 함께 몇 번의 마라톤을 완주해 주었다. 그를 비롯해 더굿북컴퍼니(The Good Book Company) 식구들에게 이 프로젝트가 단순한 일이 아니라 사역이요 평생의 사명임을 분명히 느낄 수 있었다. 이 일에 이들은 모든 힘을 쏟아부었다. 보이지 않는 곳에서 내가 가르치고 쓰고 말하는 모든 것을 온전하게 빚어 준 크리스 파팔라도의 이타적인 섬김에 깊이 고맙다. 내가 곤히 잠든 뒤에도 날이 새도록 참고 문헌을 끝까지 확인해 준 대니얼 리그스에게도 고맙다. 이 책의 모든 부분을 더 좋게 다듬어 준 에이미 휫필드와 커티스 앤드루스코, 그리고 큰 도움을 준 앨리에게도 감사의 마음을 전한다.

축구 경기에서처럼 내 삶에 적시의 태클을 걸어 준 내 아내 베로니카에게 고맙고 또 고맙다. 덕분에 정신없는 일정 가운데서도 하나님이 내게 맡기신 일들에 필요한 시간을 낼 수 있었다. 아내는 모든 일에서 내 가장 중요한 동반자이자 조언자요 편집자이고 협력자이며 내가 모든 것을 털어놓을 수 있는 존재다. 아내는 이 땅에서 내가 누리는 가장 큰 기쁨이다. 아내와 함께하는 시간은 언제나 가장 즐거운 쉼이다.

주

1 //

1. "In Good Spirits," *The New York Times*, https://www.nytimes.com/2021/11/26/style/carissaschumacher-flamingo-estate-los-angeles.html. (2022년 7월 7일 확인)

2. "The world is expected to become more religious-not less," Sarah Pulliam Bailey, The Washington Post, 2015년 4월 24일, https://www.washingtonpost.com/news/acts-of-faith/wp/2015/04/24/the-world-is-expected-to-becomemore-religious-not-less/. (2022년 7월 7일 확인) "Religion is Dying? Don't Believe It," https://www.wsj.com/articles/religion-is-dying-dont-believe-it-nones-others-surveys-faith-institutions-atheists-agnostics-practice-minority-116590170370도 보라. (2022년 9월 5일 확인)

3. C. S. Lewis, *The Abolition of Man* (Oxford University Press, 1943). C. S. 루이스, 《인간 폐지》(홍성사 역간).

4. "오직 주 예수 그리스도로 옷 입고 정욕을 위하여 육신의 일을 도모하지 말라"(롬 13:14).

5. 예수님은 "능력으로 [선포되신] 하나님의 아들"(롬 1:4)이시다. 예수님은 저주를 받아 죽으시고 다시 살아나심으로 죽음을 이기셨다(롬 3, 4, 6장). 예수님은 원수들이 화해하고 그리스도 안에서 형제자매가 사랑 안에서 살며 평강이 다스리는 새로운 피조 세계를 가져오신다(롬 12-16장). 이 유용한 분류에 대해 마이클 버드에게 감사한다.

6. 이 이야기는 사도행전 9장 1-19절에서 읽을 수 있다.

2 //

1. 도킨스는 우주의 기원을 이해하기 위한 메커니즘으로 '크레인'의 이미지를 사용하여 우리가 여전히 '다윈의 생물학적 크레인과 나란히 설 우주론적 크레인'을 찾고 있다고 솔직히 인정한다. Richard Dawkins, *The God Delusion* (Houghton Mifflin, 2008), 185. 리처드 도킨스, 《만들어진 신》(김영사 역간).

2. 위와 같음.

3. Eric Metaxas, *Miracle* (Penguin, 2014), 54.

4. John C. Lennox, *God's Undertaker*, http://www.focus.org.uk/lennox.php에서 발췌. (2022년 7월 11일 확인)

5. "스티브 잡스의 전기는 종교, 하나님에 대한 믿음에 관한 그의 고뇌를 보여 준다," https://christiantoday.com.au/news/steve-jobs-biographer-reveals-his-struggle-withreligion-faith-in-god.html. (2022년 9월 19일 확인)

6. C. S. Lewis, *Mere Christianity* (Macmillan, 1952), 120. C. S. 루이스, 《순전한 기독교》(홍성사 역간).

3 //

1. https://fs.blog/david-foster-wallace-this-is-water/. (2022년 9월 16일 확인)

2. Ernest Becker, *The Denial of Death* (The Free Press, 1973), 167-168. 어니스트 베커, 《죽음의 부정》(한빛비즈 역간).

4 //

1. Martin Luther, "Preface to Latin Writings," *Luther's Works, Volume 34, Career of the Reformer IV* (Concordia Publishing House, 1960), 336.

5 //

1. Leon Morris, *The Epistle to the Romans* (Eerdmans, 1988), 173.
2. 2020년 2월 노스캐롤라이나 주 롤리 서밋교회(Summit Church)에서 전한 설교.

6 //

1. Thesis 26.
2. 나는 토니 에반스에게서 이 표현을 처음 들었다. "Without a Doubt: The Assurance of Salvation (Part 3), Assurance and Faith", 1998년 7월 12일, 로마서 4장 1-5절을 본문으로 전한 설교.
3. https://openjurist.org/32/us/150/united-states-v-george-wilson. (2022년 7월 7일 확인)

인터미션 2 //

1. Bart Ehrman, *The New Testament: A Historical Introduction to the Early Christian Writings*, 5th edition (Oxford University Press, 2012), 72-74.
2. 이 주제를 정말 제대로 파고들고 싶다면 매우 흥미진진한 다음 책을 추천한다. N. T. Wright, *The Resurrection of the Son of God* (Fortress Press, 2003). 톰 라이트, 《하나님의 아들의 부활》(CH북스 역간).
3. J. Warner Wallace, "The Witnesses Of The Resurrection Compared To The Witnesses Of The Golden Plates," 2013년 4월 4일, https://coldcasechristianity.com/writings/the-witnesses-of-the-resurrection-compared-to-the-witnesses-of-the-golden-plates/. (2022년 7월 18일 확인)

7 //

1. 세상 사람들이 다 아는 것처럼 하버드는 미국 최고의 대학 중 하나다. 그리고 캠벨은…… 음, 그렇지 못하다. 하지만 그 대학에 다닌 이들은 분명 그곳을 끔찍이 사랑할 것이다. 그 대학을 나온 사람들만 부르는 그곳의 애칭은 '샌드힐스 (Sandhills)의 하버드'다.

2. 이 이야기는 내가 쓴 책 *Not God Enough* (Zondervan, 2018), 96-98에서 처음 소개했다.

3. 이 개념을 정립할 때 이 주제에 관한 팀 켈러의 수많은 설교를 들었던 것이 큰 도움이 되었다.

4. "[이 이야기를 전한] 왕도 눈이 멀어 있다면 이 이야기는 애초에 없을 것이다. 그런데 왕은 이 이야기를 전했고, 세상 모든 종교가 더듬기만 하는 진리 전체를 자신이 본다는 것은 더없이 오만한 주장이다. 이는 자기만이 전체 현실을 안다는 주장, 그럼으로써 모든 종교와 철학의 주장들을 상대화하는 주장이다." Lesslie Newbigin, *The Gospel in a Pluralist Society* (Eerdmans, 1989), 9-10. 레슬리 뉴비긴, 《다원주의 사회에서의 복음》(IVP 역간).

5. National Rifle Association.

6. 이 용어는 팀 켈러에게서 빌렸다.

7. Isaac Watts, 1707.

8. Clifford Ando, *Imperial Rome AD 193 to 284: The Critical Century* (Edinburgh University Press, 2012), https://www.newworldencyclopedia.org/entry/Son_of_God. (2022년 7월 7일 확인)

9. "기독교는 새로운 삶의 기준과 새로운 종류의 사회적 관계들을 제공하고 도시의 시급한 문제들을 다룸으로써 그리스-로마 도시들의 삶을 회복시켰다. 노숙자와 빈민들이 가득한 도시들에 기독교는 자선과 소망을 제공했다. 새로운 구성원과 방문자가 가득한 도시들에 기독교는 빠른 관계를 위한 토대를 제공했다. 고아와 과부가 가득한 도시들에 기독교는 새로운 개념, 확장된 개념의 가족을 제공했다. 폭력적인 인종 분쟁으로 찢어진 도시들에 그리스도인들은 사회적 결속을 위한 새로운 토대를 제공했다." Rodney Stark, *The Rise of Christianity* (Princeton University Press, 1996), 161. 로드니 스타크, 《기독교의 발흥》(좋은씨앗 역간).

8 //

1. Robert Louise Stevenson, *The Strange Case of Dr. Jekyll and Mr. Hyde* (1886),

108. https://en.wikisource.org/wiki/Page:Stevenson_-_Strange_case_of_Dr._Jekyll_and_Mr._Hyde_(1886).djvu/118. (2022년 7월 7일 확인) 로버트 루이스 스티븐슨, 《지킬 박사와 하이드 씨》.

2. 이것은 뉴턴의 편지들에서 자주 나타나는 주제다. 이 개념을 담은 더 간결한 인용문 하나를 소개한다. "마찬가지로, 용서가 아예 필요 없을 때보다 여러 번 용서받을 때 하나님 사랑의 불변함과 자비의 풍성함을 더 분명히 알게 된다. 그럴 때 주 예수 그리스도를 더 귀하게 여기게 된다. 모든 자랑은 사실상 사라지고, 완벽하고도 값없는 구원의 영광을 오직 그분께만 돌리게 된다." John Newton, "Advantages from Remaining Sin," *Letters of John Newton* (Banner of Truth, 1976), 133. 같은 책에 실린 그의 다른 편지들 "Causes, Nature, and Marks of a Decline in Grace," "Believer's Inability on Account of Remaining Sin," "Contrary Principles in the Believer"도 보라.

인터미션 3 //

1. Rosaria Butterfield, *Secret Thoughts of an Unlikely Convert* (Crown & Covenant Publications, 2014), 30-31. 로자리아 버터필드, 《뜻밖의 회심》(아바서원 역간).

2. Becket Cook, *A Change of Affection* (Thomas Nelson, 2019), 120.

3. Sam Allberry, *Why Does God Care Who I Sleep With?*, 63. 샘 올베리, 《왜 하나님은 내가 누구랑 자는지 신경 쓰실까?》(아바서원 역간).

4. Cook, *A Change of Affection*, 120.

5. "기독교 윤리의 핵심은 여기에 있지 않다고 최대한 분명하게 강조하고 싶다." C. S. Lewis, *Mere Christianity*, 94. C. S. 루이스, 《순전한 기독교》(홍성사 역간).

6. Allberry, *Why Does God Care Who I Sleep With?*, 137. 샘 올베리, 《왜 하나님은 내가 누구랑 자는지 신경 쓰실까?》(아바서원 역간).

9 //

1. Bruce Shelley and Marshall Shelley, *Church History in Plain Language*, 2nd edition (Thomas Nelson, 1995), 64. 브루스 셸리, 《현대인을 위한 교회사》(CH북스 역간).

2. 이것이 내 책 *Jesus, Continued*의 핵심 전제다.

10 //

1. 물론 이 책에서 다루지 못한 부분들이 있다. 그 부분들을 제대로 공부하고 싶다면 다음 책을 보라. Timothy Keller, *Romans 1-8 For You and Romans 8-16 For You* (The Good Book Company, 2014/2015). 팀 켈러, 《당신을 위한 로마서 2》(두란노 역간). 나의 RightNow Media video series ("The Book of Romans," https://app.rightnowmedia.org/en/content/details/750879)도 도움이 될 것이다.

2. "Four Root Idols," 2013년 10월 1일, https://ericgeiger.com/2013/10/fourroot-idols/. (2022년 7월 7일에 확인)

✝

복음이 당신의 온 존재 구석구석에서 흘러나올 때까지

복음의 진리에 흠뻑 젖어 들라.

영혼이 굶주리거든 복음의 만찬을 즐기라.

세상 속에서 숨이 턱 막혀 온다면 복음 안에서 숨을 돌리라.

삶의 칼날이 당신을 베거든 복음으로 상처를 싸매라.

그리스도 안으로 더 깊이 들어갈수록

우리 마음은 더 높이 날아오른다.

복음의 연료로 자신을 더 흠뻑 적실수록

예수님을 위해 더 밝게 타오른다.